ELOGIOS PARA

"Así como dos corazones resonaron camino a Emaús al escuchar la enseñanza de nuestro Señor Jesucristo resucitado, su corazón resonará con la enseñanza y los testimonios de este maravilloso libro. Resonará en el corazón de la persona que está cerca a usted y en la próxima generación. ¡No se pierda la oportunidad de ser parte de la melodía del cielo resonando en el corazón de Dios!"

—Vladimir Cizmanski, pastor, Montenegro

"Son las 11:15 pm en la noche de Pascua de 2014 y acabo de terminar de leer *Iglesia en Fuego*. Es una emocionante propuesta para crecer, dirigida a cada iglesia y persona que lo lea. El uso de las experiencias personales de Fred, junto con un estilo de escritura fácil de leer, contribuye al poderoso mensaje y es prueba de su éxito."

—Jim Doss, director ejecutivo/presidente,
Corporación Conceptos Estructurales

"Una vez más, Fred Hartley nos ha dado un libro que no solo está lleno de una pasión por el avivamiento y el despertar, sino con herramientas prácticas sobre cómo cooperar con Dios en el proceso. Dios se está moviendo sobre nuestra tierra. *Iglesia en Fuego* no solo es el libro que necesitamos, ¡sino el movimiento que necesitamos! Que Dios lo siga usando para seguir despertando y avivando a Su iglesia dormida con Su presencia."

—Bill Elliff, pastor, Iglesia Summit, Little Rock, Arkansas

"Si está buscando una estrategia práctica para ver los fuegos de la oración encendidos en su iglesia, entonces *Iglesia en Fuego* es un libro que debe leer. Cada vez que mi amigo Fred Hartley escribe un libro, me extiendo y me inspiro en mi búsqueda de la presencia manifiesta de Dios. En *Iglesia en Fuego,* también me inspiró a anhelar el fuego de la presencia de Dios para toda mi familia de la fe. Este libro no solo extiende e inspira su vida de oración, sino que también expone un plan práctico para ver el poder de la oración desatado en su iglesia. Cada pastor debería leer este libro."

—Chip Henderson, pastor,
Iglesia de Pinelake, Jackson, Misisipi

"Fred Hartley nos ofrece una herramienta para ayudarnos a cambiar cosas en nuestros propios corazones y en nuestra nación —una guía de oración para treinta y un días que está llena de instrucciones, historias de victoria, textos bíblicos para guiarse y, ¡más! Su vida de oración CAMBIARÁ si se compromete a recorrer estos treinta y un días de oración."

—Os Hillman, presidente, Marketplace Leaders

"Encontré las enseñanzas de Fred Hartley en una conferencia en Belén en el año 2012. Nunca pensé que su enseñanza cambiaría mi horario de sueño y haría que me levantara a las 4:00 a.m. cada mañana a fin de pasar tiempo con Dios. Este libro desarrolla las enseñanzas de esa conferencia. Retará a las congregaciones a encontrar a Cristo y servirle a partir de una perspectiva llena y saturada del Espíritu. Tenga cuidado, ¡le cambiará la vida!"

—Yohanna Katanacho, decana académica,
Instituto Bíblico de Belén e Instituto Bíblico de Galilea

"Grité '¡Aleluya!' cuando publicaron este libro, nuestra iglesia será la primera en usarlo. Si está aburrido y cansado de la rutina, y anhela la presencia manifiesta de Dios, lea este libro. Después, léalo con sus equipos de liderazgo."

—Ron Mitchell, pastor, Iglesia Comunidad Rancho Murieta

"En nuestra comunidad misionera, estamos pidiendo: 'Señor, enséñanos a orar'. *Iglesia en Fuego* ha sido el libro más alentador y útil para nosotros en esta temporada de volver a aprender a orar y enfocar nuestro compromiso con el Señor y Su gloria sobre las naciones."

—Burt Plaster, presidente, Evangelización Mundial para Cristo Internacional

"Treinta y un días. Treinta y un desafíos. Cientos de iglesias encendidas por la presencia de Dios. De eso estoy seguro. Con *Iglesia en Fuego,* Fred Hartley toma los principios poderosos del avivamiento personal a partir de su libro magistral *Dios en fuego* y los aplica donde se necesitan con tanta urgencia: la iglesia local. El enfoque día a día del libro nunca deja ir al lector, nunca deja de guiarlo hacia tierra sagrada."

—Michael Scales, presidente, Nyack College y Seminario Teológico de la Alianza

"*Iglesia en Fuego* lo llevará a usted y a su iglesia a experimentar la presencia manifiesta de Cristo. Si le suena tan emocionante como me suena a mí, entonces, ¡tome este libro y empiece!"

—Jimmy Seibert, presidente, Antioquía Ministerio Internacional y pastor general, Iglesia Comunidad Antioquía, Waco, Texas

"*Iglesia en Fuego* es profundamente inspirador para el individuo, la iglesia local y la iglesia en todo el mundo. Su fuerza proviene del hecho de que Fred ha conocido, amado y servido a personas en muchos países. Planta esperanza para el cambio que proviene de encontrar a Cristo mismo y lo que Él puede hacer mediante la oración. El libro está lleno de pensamientos y lemas profundos, y se mueve de lo personal a lo colectivo, al liderazgo, al mundo. Su vida de oración nunca volverá a ser la misma después de leerlo."

—Imad Shehadeh, presidente, Seminario Teológico
Evangélico de Jordania

"*Dios en fuego* es uno de mis libros favoritos, es uno de los pocos libros que he leído varias veces. *Iglesia en Fuego* acompañará a ese libro como una gran herramienta y un recurso práctico para buscar al Señor. Estoy ansioso por compartirlo con muchos de mis amigos. Lo recomiendo en gran manera, pero, ¡prepárese para que Dios haga una obra en su corazón!"

—Dann Spader, fundador, Ministerios Sonlife

"Con el paso del tiempo, Fred Hartley ha producido algunas de las mejores ayudas sobre la oración para la iglesia local. El libro *Iglesia en Fuego* es el mejor que ha hecho. Fred Hartley ha recibido en buen momento una Palabra para ayudar a tener una iglesia que ora. Lo clasifico como uno de los mejores que he leído y lo recomiendo de todo corazón."

—Terry Teykl, fundador, Ministerio para la Oración
por el Avivamiento

"¿Alguna vez ha estado en el 'aposento alto' en el libro de Hechos? Siempre me pregunté cómo era, ¿el olor en el aire, el sonido de las oraciones y la furia del Espíritu Santo? Bueno,

Iglesia en Fuego lo llevará allí. En el tercer libro de la serie *En fuego*, Hartley centra su atención en la misión de orar de la iglesia en general —sí, nos incluye a todos. Siguiendo el clásico estilo de Hartley, el libro corta rápido y profundo, y no deja a ningún alma en su zona de comodidad. Sea que les plantee el desafío directo a los pastores de responder a la pregunta sobre qué está haciendo Dios versus qué están haciendo ellos, o el llamado a tener menos reuniones de oración y más reuniones para recibir, o que pregunte qué es lo que distingue a la iglesia del bar de la esquina donde la gente se reúne a ver deportes, o la cortante verdad de que solo las reuniones de oración alcanzan a las personas, no las reuniones de junta directiva ni las reuniones de planeación, *Iglesia en Fuego* se mantiene firme al preguntar incansablemente cómo se está revelando la presencia manifiesta de Cristo en la iglesia y en su pueblo. Hartley sabe cómo ser práctico e *Iglesia en Fuego* tiene ese aire a manual, con su paso a paso recorre temas como arrepentimiento y contrición, o el hermoso poder de simplemente estar de acuerdo en oración con su pareja. ¿*Iglesia en Fuego*? ¡Más como una iglesia envuelta en llamas!"

—John Towriss, director, Envoy Strategy Group

"Me encanta el latir del corazón de Fred Hartley. La firme pasión por ver a Dios moverse, que demuestra el cálido Fred, se necesita con urgencia en la iglesia. Esta guía le ayudará a recorrer con sus líderes un proceso por etapas para abrir su apetito por la presencia de Dios. ¡Que produzca fruto que permanezca!"

—Steven W. Smith, profesor de comunicación, Seminario Teológico Bautista del Suroeste

"*Iglesia en Fuego* es una maravillosa continuación del libro *Dios en fuego*, de Fred Hartley. Les da a los pastores y los líderes una gran herramienta que les ayudará a traer transformación real a sus congregaciones. Este libro ofrece respuestas prácticas y ejercicios de aprendizaje que entrenarán a las personas en la escuela de la oración y la pasión por Jesús. Recomiendo especialmente *Iglesia en Fuego* a pastores e iglesias."

—Ron Walborn, decano, Seminario Teológico de la Alianza

"Fred Hartley toca el meollo del asunto y nos ofrece un mapa de ruta para que la iglesia se vuelva a encaminar y experimente Su presencia. Si usted es lo suficientemente valiente como para sumarse a esta aventura, su vida jamás será la misma."

—Bill Welte, presidente/director ejecutivo,
America's Keswick

"Fred Hartley ha escrito una guía práctica para quienes están interesados en intensificar su vida de oración y experimentar la presencia manifiesta de Cristo entre su pueblo. Y, ¡deberíamos ser todos nosotros! Todo el que anhele que la presencia y el poder de Cristo se manifieste en la iglesia, se verá beneficiado."

—Daniel Wetzel, vicepresidente, Alianza Cristiana y Misionera

IGLESIA
EN FUEGO

Una aventura de 31 días para dar la bienvenida
a la presencia manifiesta de Cristo

Fred A. Hartley, III

Publicaciones CLC

PUBLICATIONS
Fort Washington, PA 19034

Iglesia en Fuego
Publicado por CLC Publicaciones

ESTADOS UNIDOS
P.O. Box 1449, Fort Washington, PA 19034

REINO UNIDO
CLC International (UK)
Unit 5, Glendale Avenue, Sandycroft, Flintshire, CH5 2QP

© 2014, escrito por Fred A Hartley, III
Todos los derechos reservados. Publicado en 2015.
Impreso en Estados Unidos.

ISBN (paperback): 978-1-61958-213-2

DEDICATORIA

A mis queridos amigos y compañeros de ministerio
en Jerusalén y en toda Tierra Santa:

Jack y Madleine Sara
Mazen y Randa Nasrawi
Suhail y Lina Dabbagh
Magdy y Rima Anwar
Bassem y Jesura Adranly
Simone y Fatulla Ratidi
Yohanna y Dina Katanacho,
Sandy, Shukry, Christine, Monica y David,
quienes están reconstruyendo el candelabro
del aposento alto hoy.

Los amo y los honro.

¡Es uno de los mayores privilegios de mi vida establecer
lazos con ustedes mientras experimentan la realidad de la
Iglesia en Fuego!

TABLA DE CONTENIDO

INTRODUCCIÓN

Cuando Cristo edificó Su iglesia,
edificó una iglesia de oración.
¿Su iglesia es una iglesia de oración?
Cuando Cristo formó discípulos,
formó discípulos de oración.
¿Qué clase de discípulos está formando?
El tamaño de su ministerio se determina
por el tamaño de su vida de oración.
¿Qué está pidiendo a Dios en este momento?
El tamaño de su vida de oración se revela en el tamaño
de sus respuestas a la oración.
¿Cuál es el tamaño de las respuestas que está recibiendo?
Dios prendió la iglesia con fuego mediante
la presencia manifiesta de Cristo.
¿Dios está prendiendo su iglesia con fuego?

Este libro define la iglesia así como Jesús la definió: como una casa de oración para todas las naciones, en fuego con la presencia manifiesta de Cristo.

Hace dos años, mi teléfono sonó una tarde de domingo.

—Mi nombre es Jack Sara, pastor de la única iglesia evangélica en la ciudad antigua de Jerusalén —explicó el hombre que llamaba—. Varios de los pastores aquí en Jerusalén han escuchado sobre el Instituto de la Oración. Necesitamos urgentemente a Dios. Queremos invitarlo a traer el Instituto de la Oración a nuestra tierra. Si alguna vez viene a Jerusalén, nos encantaría encontrarnos con usted.

— ¿Alguna vez en Jerusalén? —me reí—. ¡Estaré allá el jueves! —Le expliqué a Jack que aunque no había estado antes en Israel, después de tres años de planeación, llegaría esa semana con un equipo para tener un viaje de oración a Tierra Santa. Ambos nos maravillamos ante la sincronización milagrosa de su llamada telefónica.

Dos días después, estaba sentado con una docena de pastores y líderes de Israel y Palestina, y estos líderes invitaron al Instituto de la Oración a regresar a Israel un mes después para ayudar a la iglesia en Tierra Santa a experimentar un encuentro fresco con Cristo y ayudarles a convertirse en una iglesia de oración. Les aclaré que aunque me sentía honrado por ser invitado a servirles en lo que pudiera, no había forma de que pudiera regresar ese año.

—Necesitamos a Dios con urgencia —me explicaron—. No podemos esperar hasta el próximo año. Ni siquiera podemos esperar seis meses. La iglesia en Tierra Santa necesita un mover genuino del Espíritu Santo. Necesitamos un adelanto. Necesitamos que regrese el próximo mes para entrenarnos sobre cómo alcanzar un mundo perdido mediante una iglesia avivada. —No hace falta decir que su urgente necesidad de Dios era impresionante.

Mi esposa y yo nos enamoramos de este grupo de inmediato. Nuestra reunión inicial con estos líderes fue el comienzo de una colaboración continua del reino con algunas personas muy especiales. He tenido el privilegio de servir tanto en iglesias locales como regionales en todo el mundo mediante el Instituto de la Oración, pero la sinceridad de corazón y el celo de la iglesia en Tierra Santa son verdaderamente únicos.

Desde entonces, mi equipo y yo regresamos dos veces al año para servirle a la iglesia en Israel. Los principios bíblicos que les he enseñado son los mismos que se encuentran en este libro. Son los mismos principios que Jesús enseñó primero justo allá en Israel y Palestina hace dos mil años. Son los principios que han moldeado mi iglesia local en el área metropolitana de Atlanta y que se han usado para edificar iglesias que exaltan a Cristo, alcanzan a la nación y se encuentran con Dios en otros cuarenta y un países del mundo mediante el Instituto de la Oración.

Durante los próximos treinta y un días, será un honor para mí permanecer con usted de la misma manera en que lo he hecho con los preciosos creyentes en Jerusalén. Descubrirá que no todos los días de nuestra aventura de seis semanas tienen la misma duración, pero sin embargo, cada día tiene el mismo valor. Algunos requieren más lectura; algunos, más tiempo para reflexionar. Tómese su tiempo para comprometerse por completo con las lecturas y las preguntas de reflexión. Estos principios del reino le ayudarán no solo a edificar una iglesia de oración, sino que lo empoderarán para alcanzar a un mundo perdido mediante una iglesia avivada.

Si tiene tal hambre de Dios que le carcome su estómago;

Si quiere ver a su alrededor matrimonios saneados;

Si quiere que sus hijos vean respuestas impresionantes a oraciones específicas;

Si quiere ver personas en su iglesia y en su vecindario que sean libres del cautiverio del pecado y de la conducta autodestructiva;

Si anhela que haya sanidades físicas y emocionales;

Si quiere ver a cada miembro de su congregación experimentar de primera mano el gozo de guiar a un vecino a Cristo, entonces, ¡puedo asegurarle que este es el libro correcto!

Y si es un pastor que dedica setenta y pico de horas a la semana y ve muy poco resultado;

Si ha visto resultados simples, pero sabe que hay mucho más,

Si está cansado de invertir todas sus energías solo, tratando de "mantener el engranaje de la iglesia en movimiento";

Si ha estado trabajando demasiado duro y orando demasiado poco;

Si está listo para dejar de enfocarse en lo que usted hace en la iglesia, para centrarse en lo que Dios hace en ella;

Si quiere edificar una iglesia de oración y formar discípulos como los del "Aposento alto" que se encuentran a diario con Dios;

Si quiere activar y utilizar los dones de revelación en su vida y en su familia de la iglesia;

Si quiere equipar a las personas para que alcancen con efectividad a sus vecinos y las naciones, entonces, nuestra aventura de treinta y un días tiene un potencial de amplio alcance, tanto para usted como para su familia de la iglesia.

¡Bienvenido a *Una Iglesia en Fuego*!

Ahora, es su turno: Pasos de acción

Este libro se ha llamado a propósito una aventura de treinta y un días porque está diseñado para llevarlo a lugares. No es solo un material de lectura o de arduo trabajo; mediante éste, tendrá una oportunidad de avanzar en su travesía con Jesús. Mientras lo lee, recibirá la invitación a encontrar la presencia manifiesta de Cristo en el plano personal; y como guardia en su iglesia local, tendrá la oportunidad de incluir a otros en la aventura. Cada semana, se incluyen pasos de acción específicos solo para su beneficio.

Preguntas para grupos pequeños

También se han incluido preguntas para grupos pequeños para cada semana de esta aventura. Si dirige un grupo pequeño, seleccione las preguntas que le gustaría usar de la lista incluida, después de la aventura de cada semana.

Consejo para pastores

Aunque este libro se escribió para líderes de ministerio de todas las clases, se aplica en particular a los pastores. Como usted es un líder, y a los líderes les gusta saber a dónde van, puede que usted quiera mirar la sección "Consejo para pastores" al final de la aventura de cada semana antes de leer este libro.

¡Que sea bendecido mientras viaja hacia la *Iglesia en Fuego*!

PREPÁRESE PARA EL FUEGO

A primera vista, la iglesia es lo que hacemos. Es la reunión de los seguidores de Cristo a fin de que amemos a Dios, nos amemos unos a otros y amemos a nuestros vecinos por amor a Jesús. Las iglesias vienen en varias formas y tamaños; pero sin importar cómo las llames o las dividas, nuestra reunión es nuestro esfuerzo por comprometernos con Dios y Su pueblo.

Por otro lado, el fuego es lo que Dios hace. Es la iniciativa del Dios invisible para demostrar Su poder sobrenatural en formas tangibles que todos podamos entender. Respuestas a la oración, sanidades físicas, matrimonios restaurados, liberación de fortalezas del pecado, conversiones impresionantes y vidas cambiadas son todos ejemplos del fuego de Dios en Su Iglesia. Es lo que sucede cuando Dios viene a la iglesia. Sin rodeos, el fuego es la presencia manifiesta de Cristo.

Iglesia en Fuego es lo que sucede cuando lo que hacemos y lo que Dios hace chocan. Es la iglesia como Él la tenía planeada, donde nos hacemos aún más conscientes de Su presencia entre nosotros que de aquellos con quienes nos reunimos.

El fuego de Dios, es ese fervor que diferencia a una iglesia de un bar donde las personas se reúnen a ver deportes o del gimnasio del barrio. Cualquier organización sobre la tierra puede mostrar lo que las personas pueden hacer; solo la iglesia puede mostrar lo que Cristo puede hacer. Por esta razón, dondequiera que Dios esté a punto de enviar el fuego de Su presencia manifiesta, siempre preparará a Su pueblo de antemano.

Bienvenido a una aventura de toda una vida. La semana uno es la de su preparación para el fervor, en la cual restaurará su propio corazón para buscar a Cristo. Espero que no solo esté listo y entusiasta, también espero que traiga a otros con usted en esta travesía. De muchas maneras, la efectividad de toda su aventura de treinta y un días depende de cómo le permite a Cristo prepararlo plenamente durante esta primera semana. Un medallista de oro olímpico gana la plataforma central, en la ceremonia de entrega de premios, no solo en el evento deportivo, sino en los meses de preparación previos. Durante los próximos treinta y un días, empezando con la semana uno, apuntaremos a encontrar la presencia manifiesta de Cristo y experimentar de primera mano la *Iglesia en Fuego*.

Día

1

EMPIECE PIDIENDO

Si quiere fervor, necesita pedirlo. A Dios le encanta ir donde lo invitan. Le encanta manifestar la realidad de Su presencia ferviente cuando le pedimos que lo haga. Un día, el profeta Elías bajó la punta de su espada y dibujó una línea en la arena mientras definía un principio universal del reino de Dios, no solo para los creyentes de su época, sino para su iglesia y la mía. "¡El que responda con fuego, ése es el Dios verdadero!" (1 Reyes 18:24).

Dios es el Dios que respondió con fuego en días de Elías y que responde con fuego en nuestro tiempo. El profeta Elías procedió a elevar una oración notablemente sencilla: "Señor, Dios de Abraham, de Isaac y de Israel, que todos sepan hoy que tú eres Dios en Israel, y que yo soy tu siervo y he hecho todo esto en obediencia a tu palabra. ¡Respóndeme, Señor, respóndeme, para que esta gente reconozca que tú, Señor, eres Dios, y que estás convirtiendo a ti su corazón!" (1 Reyes 18:36-37). Más que predicar este principio, Elías puso en práctica lo que predicaba. No solo creía *en* el fuego, creía *debido* al fuego. Pidió y recibió.

Quizás la parte más impactante de esta oración es que Elías nunca pidió específicamente fuego. Con todo lo que estaba en juego según el resultado de su oración, habríamos esperado que pidiera fuego de forma explícita, pero nunca lo hizo, no fuego literal. Lo que pidió fue la presencia manifiesta de Dios: "Que todos sepan hoy que tú eres Dios en Israel (…) para que esta gente reconozca que tú, Señor, eres Dios". Elías oró pidiendo la presencia manifiesta de Dios y el efecto que ésta tendría en las personas, que supieran que Dios estaba "convirtiendo [sus] corazón [es]."

No solo cayó fuego ese día, sino que corazones y vidas se volvieron al Señor.

¿Quiere que el fuego de la presencia manifiesta de Dios caiga de nuevo en su iglesia? ¿Le está pidiendo fuego a Dios?

Titulares de prensa desde Jerusalén

El canal de noticias *Headline News* ofrece información de última hora desde Medio Oriente. Permítame compartirle una historia de buenas nuevas que puede que no haya escuchado en algún otro medio de noticias.

"Estuve parado en medio de la única iglesia evangélica en la ciudad antigua de Jerusalén un domingo de agosto de 2013, y estaba completamente sobrecogido mientras en la atmósfera brotaba la presencia de Cristo. Pequeños grupos de creyentes estaban apiñados a mi alrededor durante la oración y la adoración que tenían como fin encontrarse con Dios. Algunos estaban arrodillados. Otros estaban de pie. Muchos lloraban mientras se elevaban oraciones espontáneas de arrepentimiento alrededor del lugar. Nos reunimos ese día en el edificio donde adoran cada domingo, justo fuera de la Vía Dolorosa, solo a doscientos metros o más del lugar donde muchos creen que Jesús murió. Ese día en particular, estos queridos creyentes estaban clamando a Dios con todo el corazón, le pedían que los hiciera una casa de oración para todas las naciones y que los empoderara de nuevo para edificar un aposento alto, una "reunión de oración para encontrarse con Dios" en su ciudad. Mientras estaba entre ellos, también lloraba de incontenible gratitud.

Sabía que estaba parado sobre tierra santa, precisamente en medio de Jerusalén, la encrucijada de la civilización. Cristo estaba vertiendo Su Espíritu Santo sobre estas personas, vistiendo a la iglesia con poder para que pudiera sacar a sus miembros a fin de ser Sus testigos, justo aquí en Jerusalén. Los usaría para ganar muchos para la fe en Cristo: católicos, armenios, musulmanes, ortodoxos y judíos. Esta iglesia estaba viva —en oración, viva para la presencia manifiesta de Dios y viva para cumplir el propósito de Cristo en su generación. Moví mi cabeza con asombro mientras Dios se movía entre Su pueblo. Cristo estaba reconstruyendo el aposento alto; la reunión de oración, para encontrarse con Dios, en la misma ciudad en la que había organizado, en el primer siglo, en el día de pentecostés, aquella hermosa reunión de oración.

De todas las iglesias en las que el Instituto de la Oración ha servido alrededor del mundo, no conozco alguna otra más viva en adoración, más ferviente en oración, más necesitada de Cristo, más activa en los dones, y más efectiva al alcanzar a las personas perdidas para Cristo, que esta congregación en Jerusalén. Muchos pastores en todo Israel y Palestina me dicen que esta iglesia evangélica dentro de la Ciudad Antigua es probablemente la única iglesia en el territorio, que está viendo eficazmente números significativos del pueblo palestino llegar a la fe en Cristo. No es de sorprender que sean tan fructíferos al ganar almas, ya que están desarrollando el ministerio de la iglesia así como Jesús les dijo que lo hicieran.

Este mover particular de Dios en esa mañana de domingo, en este sitio estratégico, no sucedió en vano. Fue parte de un mover prolongado que se había estado desarrollando durante muchos años. Dios había preparado a estas personas para pedir y ellas habían estado pidiendo con fervor. Ahora estaban recibiendo, y en abundancia. El Dios que responde con fuego está respondiendo las oraciones de estos queridos creyentes hoy.

Señor, enséñanos a orar

No siempre supe cómo recibir fervor, mucho menos guiar a otros a la presencia manifiesta de Cristo. Cuando terminé el posgrado, empecé a servir como pastor en mi primera iglesia. Después de menos de un año en este nuevo ministerio, me levanté en medio de una noche con dolor severo en el pecho. Apenas podía respirar. Pensé que estaba muriendo. Mi esposa llamó a emergencias. La unidad de rescate llegó y me llevó de prisa al hospital. Me diagnosticaron dos problemas: fibrilación cardiaca e indigestión severa. Mi corazón estaba latiendo tan rápido que casi vibraba, pero no estaba bombeando eficazmente sangre en mi cuerpo. La indigestión fue causada por los anillos de cebolla y la Coca Cola que consumí a media noche. ¡No es una buena combinación! Mi iglesia se había triplicado en tamaño, aunque no es mucho decir, porque habíamos crecido de veintitrés a setenta y cinco miembros. Sin embargo, mi cardiólogo me dijo que estaba sufriendo de estrés y que a menos que quisiera morir antes de cumplir los treinta, necesitaba bajar el ritmo de trabajo. Dios me dijo que estaba forzándome demasiado y orando demasiado poco.

Sabía que necesitaba aprender a orar, entonces me inscribí en una conferencia de oración de avivamiento con J. Edwin Orr y Armin Gesswein. En días diferentes, llevé a ambos hombres a almorzar. Me sentía como un pajarito con mi boca bien abierta, esperando a devorar algunos bocados que estos hombres piadosos dejaban caer en dirección a mí. Esto inició una relación de toda la vida con ambos hombres, en particular con Armin Gesswein.

Armin había sido el primer líder de oración en las cruzadas de Billy Graham. Cuando Billy predicó en Los Ángeles y guio a muchas estrellas de Hollywood a Cristo en 1949, les predicó en una carpa a diez mil personas, mientras Armin Gesswein dirigía en simultáneo una reunión de oración en una carpa separada con dos mil intercesores. Con el paso de los años, Armin ha mentoreado a muchos líderes en oración, incluyendo a Bill Bright, Chuck Smith, Ray Ortlund, Ted Engstrom, Robert Schuller y a muchos otros.

Mientras almorzábamos juntos, Armin levantó su largo y huesudo dedo sobre su tazón lleno de lechugas y me dijo con una leve sonrisa:

—Si quieres aprender a orar, necesitas orar —dejó que captara esa afirmación y después agregó—, empieza donde empezaron los discípulos, con la breve y sencilla oración, "Señor, enséñanos a orar" (Lucas 11:1). Puede ser la oración más corta que jamás hayas hecho   —agregó— solo cuatro palabras, pero es la oración más importante que alguna vez hayas dicho.

Durante los siguientes diecisiete años, le escuché decir lo mismo a Armin, al menos cien veces.

—Una vez que Dios te enseña a orar —agregó mientras terminábamos el almuerzo—, puedes recibir de Él cualquier cosa que quiera que tengas.

Regresé a mi iglesia en el sur de Miami (Florida) con una nueva oración: "Señor, enséñanos a orar". La dije enérgicamente y a menudo. Les enseñé a mis líderes de iglesia y a mi congregación entera a orar así. Literalmente, le he enseñado a millones de creyentes del mundo a orar estas cuatro palabras.

"Señor, enséñanos a orar" es una oración que a Dios le encanta escuchar. Es como si cuando Él escuchara estas cuatro palabras de parte de un corazón hambriento, volteara su cabeza para escuchar.

"Señor, enséñanos a orar" es hacerle la pregunta correcta a la persona correcta; la que ha estado esperando escuchar. El hecho es que ninguno de nosotros sabe orar como debería (ver Romanos 8:26). En realidad hay dos grupos de personas en el mundo: las que no saben cómo orar de la forma en que deberían, y las que creen que sí saben; y este último grupo está equivocado. Empezamos a orar correctamente hasta que admitimos que no sabemos cómo hacerlo y, más específicamente, hasta que le pedimos ayuda a Dios. Nadie puede enseñarnos a orar de la forma en que Él puede hacerlo.

"Señor, enséñanos a orar" no indica, "Señor, enséñanos sobre la oración". Esta oración concreta le pide a Dios que nos movilice hacia la oración verdadera.

"Señor, enséñanos a orar" es una petición colectiva de oración. Muchos de nosotros hemos privatizado la oración. Por supuesto, inicialmente surge de nosotros como individuos, pero el sentido de esta oración de cuatro palabras de los discípulos, y de este libro es el mismo sentido de oración colectiva que se encuentra en el Nuevo Testamento. El *nos* de "Señor, enséña*nos* a orar" es la razón por la que Jesús requirió una casa de oración y no apartamentos individuales. Es la razón por la que somos llamados a un real sacerdocio y no solo a ser un montón de sacerdotes privados. Por eso es que Jesús dijo, "Porque donde dos o tres se reúnen en mi nombre, allí estoy yo en medio de ellos" (Mateo 18:20). Cristo quiere que nos reunamos; que nos reunamos en oración colectiva. Quiere que nuestras reuniones estén llenas de oración para que podamos ser llenos de Su presencia. Ésta es la esencia de la *Iglesia en Fuego*.

Ahora es su turno: Paso de acción del día 1

"Señor, enséñanos a orar" es una chispa que enciende la llama de la *Iglesia en Fuego*. Estas cuatro palabras no son mágicas, pero son bíblicas. Usted y su familia de la iglesia querrán decirlas en oración con frecuencia, incluso a diario. Mientras lo hacen, ciertamente Dios les enseñará a orar y abrirse a un mundo totalmente nuevo. Como el fuego es obra de Dios, no suya, pídale hoy que envíe fervor mientras usted ora las siguientes promesas bíblicas. Tómese su tiempo. Lea cada versículo con cuidado. Pídale a Dios que ponga en su espíritu un anhelo creciente por orar.

¡El que responda con fuego, ése es el Dios verdadero! (1 Reyes 18:24)

Un día estaba Jesús orando en cierto lugar. Cuando terminó, le dijo uno de sus discípulos: "Señor, enséñanos a orar, así como Juan enseñó a sus discípulos". (Lucas 11:1)

Así que yo les digo: Pidan, y se les dará; busquen, y encontrarán; llamen, y se les abrirá la puerta. Porque todo el que pide, recibe; el que busca, encuentra; y al que llama, se le abre. (Lucas 11:9-10)

Pues si ustedes, aun siendo malos, saben dar cosas buenas a sus hijos, ¡cuánto más el Padre celestial dará el Espíritu Santo a quienes se lo pidan! (Lucas 11:13)

Busquen al Señor mientras se deje encontrar, llámenlo mientras esté cercano. (Isaías 55:6)

Acérquense a Dios, y él se acercará a ustedes. (Santiago 4:8)

En realidad, sin fe es imposible agradar a Dios, ya que cualquiera que se acerca a Dios tiene que creer que él existe y que recompensa a quienes lo buscan. (Hebreos 11:6)

Señor Jesús, lo que me estás enseñando hoy es _____
_____
_____
_____

Señor Jesús, el paso de acción que tomaré es _____
_____
_____
_____

Día

2

SIENTA HAMBRE

La salud y el hambre van de la mano. Este principio es cierto para los ámbitos físico y espiritual. Cuando estaba en secundaria, mi madre sabía que si perdía mi apetito, era por una de dos posibles razones: estaba enfermo o, ¡estaba enamorado! Cuando perdemos nuestro apetito por Cristo, significa que estamos espiritualmente enfermos o estamos enamorados de algo distinto a Él. La salud espiritual y el hambre espiritual están inseparablemente unidas.

Entre más hambrientos estamos, más saludables estamos; y entre más hambrientos, mejor oramos. Tener hambre por Dios siempre es parte de Su obra preliminar al preparar para el avivamiento. "El hambre es la mejor cocinera", dijo el gran reformador Martín Lutero.[1] Él sabía de qué estaba hablando por experiencia.

El hambre por Dios es en sí la obra de Dios. La Biblia dice que nadie lo busca (ver Romanos 3:11). Esto quiere decir que cuando empezamos a buscarlo, siempre sucede porque Él hizo que sonara la alarma del apetito en nosotros. Cuando Dios despierta hambre por Él mismo en una persona, a menudo es un indicador de que también está despertando un hambre similar por Él mismo en otros alrededor de esa persona. Si usted y los suyos tienen un dolor agudo en la boca del estómago por encontrar más de Cristo, pueden estar más cerca del descubrimiento de lo que piensan.

Hambre y urgente necesidad

Nunca he conocido a alguien más hambriento por Dios que Moise Guindo, presidente de la iglesia Alianza Cristiana y Misionera en Mali (África occidental). Lideró setecientas iglesias con un total de siete mil creyentes bautizados.[2] Cuando lo conocí por primera vez, había estado sentado sobre su moto durante dos horas, en un cruce de un camino terrestre al borde del desierto del Sahara, esperando con ansias nuestra llegada. Nos acompañó al "mejor hotel del lugar" (que tenía los pisos sucios, no había aire acondicionado, agua potable ni baño). Después de terminar todos los saludos protocolares africanos, nos sentamos rodilla con rodilla. Moise tomó mis manos, me miró directo a los ojos y con la sinceridad más profunda que jamás he sentido, dijo simplemente:

—¡Necesitamos a Dios!— Se puso de rodillas y dijo con lágrimas, —no puedo liderar a estas personas a menos que el Espíritu Santo venga y manifieste Su presencia entre nosotros.

Mientras nos tomábamos de las manos, lloró. Sus lágrimas cayeron en el piso sucio y hasta el día de hoy, aún puedo ver las manchas oscuras que dejaron en el suelo. La urgente necesidad en su alma era palpable. Todavía puedo sentir la intensidad, la sinceridad, la humildad e inocencia de su corazón. Nunca, antes ni después, he sentido algo así. Suspiré una oración:

—Señor, le debes el avivamiento a este hombre.[3]

Sabía que Dios estaba a punto de hacer algo extraordinario, y lo hizo. Esa semana, fui testigo de un mover extraordinario del Espíritu Santo entre el enorme grupo de setecientos pastores. Vi adoración de lo alto, arrepentimiento profundo, confesión de pecado, ruptura de fortalezas, recibimiento de la llenura del Espíritu Santo y empoderamiento para el ministerio antes de que los pastores regresaran a sus tareas a lo largo de su país.

En una ocasión en esa semana, participamos en un arrepentimiento continuo durante ocho horas. Nunca olvidaré ver hombres adultos llorar como niños de escuela mientras se humillaban en la presencia de un Dios santo. Escuchamos cualquier pecado imaginable ese día. No piense que simplemente fue una respuesta emocional o superficial; fue profunda, duradera y cambió vidas. Cuando mi equipo regresó dos años después, esos mismos pastores aún caminaban en victoria y libertad.

La visión del reloj de arena

Puede estar pensando, *No estoy tan urgentemente necesitado del Señor como lo estaba Moise*. No se apresure. Antes de que subestime su hambre y urgente necesidad de Dios, debe darse cuenta de que hay dos entradas para ser consciente de su urgente necesidad, y las dos son igual de válidas:

- La puerta principal: un presente lamentable
- La puerta trasera: un futuro deseado

Muchas iglesias empiezan a sentir esa urgente necesidad mediante la puerta principal de un presente lamentable. Las cosas van tan mal en sus circunstancias que, a menos que Dios se abra camino, están condenadas al fracaso total. Iglesias en el Medio Oriente, África, China y en el Suroriente de Asia, así como en algunas partes de América Latina, están tan abrumadas por fuerzas externas de opresión religiosa, o por fuerzas internas como pecado, egoísmo e inmoralidad que han empezado a sentir la urgente necesidad de que Dios entre por la puerta principal.

Sin embargo, iglesias en Norteamérica, Europa, Australia y otras partes pudientes del mundo, también están empezando a sentir esa urgente necesidad de que entre por la puerta trasera. Ven un futuro deseado —reconocen que Dios tiene mucho más para ellos que lo que están experimentando en este momento. La iglesia en Corea del Sur es la que quizás tiene el movimiento de oración más vibrante sobre la tierra hoy. Sus miembros oran con gran celo, urgente necesidad, intensidad y fervor. También es la mayor iglesia misionera en crecimiento sobre la tierra. Su urgente necesidad de Dios no se debe a un presente lamentable, sino a un futuro preferente: ven más de lo que Dios quiere hacer mediante ellos.

Mi amigo Chip Henderson es pastor líder en la iglesia más grande en Misisipi en los Estados Unidos. Está en proceso de transformación de su iglesia a una iglesia más ferviente en oración. Él y su equipo de liderazgo tienen una urgente necesidad de Dios, no porque las cosas vayan mal, sino porque tienen una visión amplia de lo que quieren de parte de Dios.

Las dos puertas que llevan a una urgente necesidad de Dios nos traen a la misma conclusión: no tenemos lo suficiente en nuestro interior para cumplir con los desafíos y oportunidades que tenemos frente a nosotros. Solo Dios tiene lo que se necesita. La oración es la forma de tener acceso a Sus recursos.

Un día, mientras oraba, vi una imagen de lo más perturbadora. Vi un reloj de arena. El fondo del vidrio representaba las enormes necesidades de las personas, y empecé a llorar por las heridas de los que sufrían, por los perdidos, y por la iglesia indiferente que parecía impotente al suplir sus necesidades. La parte superior del reloj de arena representaba los recursos infinitos de Dios, toda Su provisión redentora. Me sobrecogí mucho más.

—¿Qué puedo hacer para ampliar el estrangulamiento en medio del vidrio a fin de obtener los ilimitados recursos redentores del Señor y hacerlos bajar más rápidamente a fin de suplir las necesidades de las personas que están en el fondo? —Le pregunté a Dios—. ¿Por qué Dios no está fluyendo más rápidamente para suplir las necesidades de las personas? ¿Por qué la mitad del reloj de arena está tan constreñido?

—El estrangulamiento en la mitad es la falta de oración en la iglesia —me respondió el Señor.

Lloré y lloré.

Desde entonces, he visto docenas de veces esta imagen del reloj de arena mientras oro. Cada vez, crece más mi carga por la urgente necesidad. El fondo del vidrio es una imagen de la puerta principal para la urgente necesidad; representa las necesidades abrumadoras de las personas. La parte superior del reloj de arena es una imagen de la puerta trasera y representa los recursos y la redención de Cristo. Tanto el fondo como la parte superior del vidrio; tanto la puerta principal como la trasera, nos llevan a querer clamar con extrema urgencia para que los recursos redentores de Dios suplan más rápidamente las necesidades de quienes están lastimados, las personas perdidas a nuestro alrededor.

En el Instituto de la Oración, hemos descubierto que cada iglesia alrededor del mundo que actualmente experimenta el fervor de la presencia manifiesta de Cristo tiene una cosa en común: una urgente necesidad. El Instituto de la Oración ahora está sirviendo en quince de las veinte iglesias más perseguidas sobre la tierra. Los miembros de cada una de esas iglesias saben que no tienen esperanza de lograr algo para Cristo en su país a menos que experimenten el poder sobrenatural de la presencia manifiesta de Cristo. Las iglesias en China, Medio Oriente y todo el norte de África no necesitan que les digan que oren. Tienen una urgente necesidad y saben que sus vidas dependen de la oración. Para ellos, no es una opción, es su cuerda salvavidas.

Ahora es su turno: Paso de acción del día 2

Si tiene hambre de Dios, ore que su hambre sea saciada. Si no tiene esa urgencia, arrepiéntase y pídale a Dios que haga sonar su alarma del apetito. Estos versículos pueden ayudarle a expresarle su urgente necesidad a Dios. Tómese tiempo para leer cada versículo lentamente y en oración. Pídale a Dios que inyecte hambre en su espíritu, que le dé un hambre cada vez mayor por Él.

Una sola cosa le pido al Señor, y es lo único que persigo: habitar en la casa de Él todos los días de mi vida, para contemplar la hermosura del y recrearme en su templo. (Salmos 27:4)

Me buscarán y me encontrarán, cuando me busquen de todo corazón. (Jeremías 29:13).

Dichosos los que tienen hambre y sed de justicia, porque serán saciados. (Mateo 5:6)

¡Si alguno tiene sed, que venga a mí y beba! De aquel que cree en mí, como dice la Escritura, brotarán ríos de agua viva. (Juan 7:37-38)

Oh Dios, tú eres mi Dios; yo te busco intensamente. Mi alma tiene sed de ti; todo mi ser te anhela, cual tierra seca, extenuada y sedienta. (Salmos 63:1)

Cual ciervo jadeante en busca del agua, así te busca, oh Dios, todo mi ser. Tengo sed de Dios, del Dios de la vida. ¿Cuándo podré presentarme ante Dios? (Salmos 42:1-2)

¡Vengan a las aguas todos los que tengan sed! ¡Vengan a comprar y a comer los que no tengan dinero! Vengan, compren vino y leche sin pago alguno. (Isaías 55:1)

Señor Jesús, lo que me estás enseñando hoy es _____
_____
_____
_____
_____
_____

Señor Jesús, el paso de acción que tomaré es ———————

———————————————————————————

———————————————————————————

———————————————————————————

———————————————————————————

———————————————————————————

———————————————————————————

———————————————————————————

Día

3

ARREPIÉNTASE

Cuando Jesús anunció la llegada de Su reino, les dijo a Sus discípulos cómo prepararse. Fue sencillo y directo, una sola palabra: "¡Arrepiéntanse!" Jesús les dijo: "Arrepiéntanse, porque el reino de los cielos está cerca" (Mateo 4:17). Juan el Bautista, cuyo ministerio tenía como fin preparar a las personas para el rápido avance del reino de Cristo, anunció palabras idénticas (ver Mateo 3:2). El arrepentimiento siempre está al frente de cada movimiento de Dios. La Biblia llama un regalo al arrepentimiento (ver Hechos 5:31, 11:18; 2 Ti. 2:25) y así, como con cada regalo que Él da, quiere que lo abramos y le demos un buen uso. Por esta razón, mientras Cristo lo introduce a la *Iglesia en Fuego*, definitivamente activará el arrepentimiento en su vida y experiencia.

La palabra griega traducida como "arrepentimiento" es *metanoeo*, que significa un completo cambio de parecer, de perspectiva, de disposición, de orientación y de motivación.[1] Arrepentirse es tener un cambio de parecer revolucionario, que lleva a un cambio revolucionario de actitud, que lleva a un cambio revolucionario de conducta, que a su vez lleva a un cambio revolucionario de estilo de vida.

¿Qué está haciendo Dios?

Cuando Cristo empezó a enseñarme cómo arrepentirme y a medida que empezó a crecer mi apetito de pasar tiempo prolongado en Su presencia, invité a mi mentor Armin Gesswein a facilitar un fin de semana de oración en mi iglesia en el sur de Florida. La iglesia amaba a Arwin y respondió bien a su enseñanza práctica. La parte más destacada de esa semana llegó para mí durante un almuerzo privado con este hombre de Dios. Sobre otro gran tazón de ensalada, —a Armin le encanta la ensalada—, sonrió y me hizo la pregunta más inquisitiva e inquietante:

—Fred, me has contado mucho sobre lo que estás haciendo en tu iglesia, pero puedo preguntarte, ¿qué está haciendo *Dios* en tu iglesia?

Esa pregunta me cortó la respiración. Era una pregunta muy justa, propia del reino de Dios, pero era completamente contraria a mi proceso de pensamiento. Era un graduado del seminario Wheaton College con honores, bien capacitado en el Seminario Teológico Gordon-Conwell. Me habían enseñado lo que debía hacer en la iglesia y como resultado, mi congregación estaba creciendo eficazmente. Estaba tan preocupado con lo que estaba haciendo en la congregación que nunca había pensado en lo que Cristo estaba haciendo en ella.

Me detuve, tartamudeé, dije: "Ejem…" y vacilé. Balbuceé respuestas. Después de cinco o seis salidas en falso, me mordí el labio y tuve que humillarme.

—Señor Gesswein, detesto admitirlo —le expliqué—, pero no estoy seguro de qué es lo que Dios está haciendo en nuestra iglesia. Podría hablar durante horas sobre lo que estoy haciendo, pero no podría señalar una sola cosa que Él esté haciendo en la iglesia —fue patético, pero cierto.

Esa pregunta, ¿qué está haciendo Dios en tu iglesia?, fue mi llamado al arrepentimiento, mi llamado a cambiar mi manera de pensar, mi perspectiva, mi disposición, mi orientación y mi motivación. Me introdujo de muchas formas al mundo totalmente nuevo de la *Iglesia en Fuego*. Cambió el enfoque en mí, mi trabajo y mis propios esfuerzos para centrarme en la obra de Dios. Me orientó para empezar a darle la bienvenida a Dios a la iglesia y a enfocarme en lo que Él estaba haciendo.

Durante los siguientes diecisiete años, Armin Gesswein me llamaba con frecuencia y me retaba:

—Entonces, Fred, cuéntame qué es lo que Cristo está haciendo en tu iglesia por estos días.

Debo admitir que hubo ocasiones en las que no tenía mucho que compartir, pero por lo general, tenía historias significativas sobre el obrar de Dios. Sin embargo, desde ese día en adelante, sin importar cuántas veces él me hiciera esa pregunta, nunca me molestó. De hecho, llegué a un punto en el que era yo quien llamaba a Armin para decirle:

—¡Espera a oír lo que Dios está haciendo en nuestra iglesia por estos días!

Ahora, permítame hacerle una pregunta personal: en su iglesia, qué es más importante para usted, ¿lo que usted hace o lo que Dios hace? Piénselo. No es una pregunta trivial. En su iglesia, en qué piensa más, ¿en lo que usted hace o en lo que Dios hace? Qué es lo que más espera con entusiasmo cada semana, ¿lo que usted hace o lo que Dios hace? En qué invierte más tiempo planeando, ¿en lo que usted hace o en lo que Dios hace? Estas preguntas merecen que se tome el resto del día solo para pensar en ellas. Hasta pueden llevarlo al arrepentimiento, así como lo hicieron conmigo.

Aprender a orar

Ninguno de nosotros sabe orar como deberíamos. De una u otra manera, todos aprendemos a orar de la misma forma: como un acto de arrepentimiento. Incluso los primeros discípulos aprendieron a orar de esa manera. Jesús los invitó a Su jardín de oración favorito en la falda del monte de los Olivos, conocida como Getsemaní. Estaban ahí con el Señor en la noche final de Su vida, y ni siquiera pudieron mantener los ojos abiertos. Incluso después de que Jesús les había dado tres años de mentoreo, entrenamiento y equipamiento de veinticuatro horas al día, en asientos de primera fila para ser testigos de Sus milagros espectaculares y pases de acceso a los camerinos para escucharlo dar un informe al final de cada día, estos hombres aún no tenían ni idea de cómo orar. Jesús los exhortó a orar con Él tres veces en el jardín de la oración, y tres veces se quedaron dormidos. Era como si ellos siguieran silenciando la alarma despertadora. Jesús seguía levantándolos al hacerles la conocida pregunta: "¿No pudieron mantenerse despiertos conmigo ni una hora?" y tres veces se quedaron dormidos (ver Mateo 26:36-45).

Pero luego, algo sucedió. Pocas semanas después, esta misma banda de discípulos flojos, que no oraba, fue transformada en forma radical. De ser once hombres que no podían mantener los ojos abiertos, se convirtieron en un grupo de ciento veinte discípulos del aposento alto que no sería desautorizado. De no poder orar siquiera durante una mísera hora, se convirtieron en una banda de guerreros que podía orar diez días seguidos, ¡doscientas cuarenta horas!

El elemento fundamental en esta historia es que la escandalosa falta de oración de los discípulos estaba precedida por su orgullo. Nada mata la devota y urgente necesidad de orar más rápido que el orgullo y la autosuficiencia. Cuando Pedro anunció unas horas antes en la última cena de la Pascua: "Aunque todos te abandonen, yo no" (Marcos 14:29), por supuesto, estaba en serios problemas. Cuando procedió a afirmar pomposamente, "Estoy dispuesto a ir contigo a la cárcel o a la muerte" (Lucas 22:33), era solo cuestión de horas antes de que tropezara y cayera. Puede que se haya pavoneado en el jardín de la oración en Getsemaní esa noche llena de incidentes, pero se fue con el rabo entre las piernas, como un perrito apaleado. Fue humillado, quebrantado y profundamente consciente de sus propias deficiencias personales. En menos de seis horas desde la reunión que tuvieron en el jardín, negó a Cristo tres veces. Pero la historia real es que el orgulloso Pedro fue guiado al arrepentimiento y después, se convirtió en un Pedro de oración ferviente.

Entonces, ¿qué cambió en los discípulos para que surgieran como personas de oración que edificarían una iglesia de oración? Simple: se arrepintieron de su falta de oración cargada de orgullo. Se arrepintieron de tener una perspectiva sobredimensionada de su propia importancia y una reducida perspectiva de Cristo. El reino de Dios estaba a punto de tomarlos por sorpresa en el aposento alto en Pentecostés, y Jesús los estaba preparando para guiarlos al arrepentimiento.

Si alguna vez ha mirado a su congregación y ha pensado: *"Nunca nos convertiremos en una iglesia de oración"*, o incluso a nivel más personal, si se ha mirado al espejo y ha dicho: *"Nunca me convertiré en una persona de oración"*, quiero animarle. Solo piense en la vida de oración de bajo octanaje de los discípulos antes de Pentecostés. Ya que se quedaron dormidos durante la noche final de oración con Jesús, tenga ánimo —sin duda, hay esperanza para el resto de nosotros. Solo espere a ver lo que Cristo puede hacer con su familia de la iglesia. Él sabe cómo edificar personas e iglesias de oración, eso sí.

Como ninguno de nosotros sabe orar como deberíamos, de una u otra forma, todos aprenderemos a orar de la misma forma: como un acto de arrepentimiento. Pedro me recuerda cómo tomé el ministerio por asalto, con una fanfarrona forma de pensar, creyendo que podía tener éxito. Poco sabía que casi me mataría a una milla de distancia, debido a un celo desacertado y una raíz de arrogancia, orgullo y autosuficiencia. El orgullo y la falta de oración son una mezcla fatal.

Ahora es su turno: Paso de acción del día 3

Arrepiéntase de su falta de oración. El arrepentimiento siempre empieza con nueva obediencia a Cristo. Arrepentirse por la falta de oración une el cielo y la tierra con rapidez. Ahora, es un buen tiempo para que se arrepienta del orgullo y la falta de oración. Recuerde, el arrepentimiento es un total cambio de parecer, perspectiva, disposición, orientación y motivación. Durante nuestra aventura de treinta y un días, aprenderemos que en el reino de Dios, el arrepentimiento es una actividad continua y que no hay mejor tiempo para arrepentirse que ahora.

conexión constante con Dios.

Hoy, me arrepiento específicamente de _mi autosuficiencia y afán de planear para adaptar una mejor vida (llegar al trabajo a las 6 am y salir a las 2:30) sin preguntarle a Dios que quiere de mi._

Señor Jesús, lo que me estás enseñando hoy es _Orar. Pasar más tiempo y escuchar lo que Dios quiere hacer en mi vida._

Dependencia total a Dios
Escuchar a Dios, Meditar y actuar

Señor Jesús, el paso de acción que tomaré es _Comenzar a orar y pedirte que me enseñes a escucharte. Ser más intencional. / pasar tiempo de calidad con Dios._

1. Leer la Palabra
2. Orar, platicar con Dios
3. Pedir el cómo escuchar la voluntad de Dios (guardar silencio).

[margen izquierdo, vertical]: Solo una vez a la semana, teníamos conexión con Dios, por lo que, no parábamos de leer, y se nos iba el día. Aprender a vivir en conexión constante con Dios.

• Enséñanos a guardar silencio y tener una conexión con Dios.
• Pasar más tiempo en oración y conectar con Dios más a menudo, para aprender a vivir en conexión con Dios diariamente.

43

Día

4

RECIBA

El avance del reino de Cristo aumenta y recae sobre nuestra capacidad de recibir de parte de Él. El hecho es que no tenemos nada que dar que no hayamos recibido primero. "Lo que ustedes recibieron gratis, denlo gratuitamente," dijo Jesús (Mateo 10:8). A medida que se prepara para encontrar la presencia manifiesta de Cristo en su vida personal, así como con su familia de la iglesia, Dios quiere activar sus receptores.

Cuando el Instituto de la Oración recibió la invitación por primera vez para ir al Medio Oriente, los líderes de las iglesias locales nos contaron cuán necesitada estaba la iglesia en ese país. Uno de los queridos líderes con quien hablamos, había tenido una visión de Dios usando el Instituto de la Oración a fin de servir como un catalizador para encender fervor en la iglesia. Nueve congregaciones diferentes de varias partes de Jordania se reunieron con nosotros durante tres días de oración basada en adoración para encontrarnos con Dios. Durante la sesión de apertura, animé al grupo de noventa y cinco creyentes a tomarnos de las manos hacia el Señor y repetir una oración sencilla, pero peligrosa:

Padre, recibo ahora mismo la llenura de tu Espíritu Santo en el nombre del Señor Jesucristo. Abre mis ojos espirituales para que pueda ver y reconocer lo que estás haciendo. Abre mis oídos espirituales para pueda escuchar lo que estás diciendo. Ven, sana y activa mis receptores para que pueda recibir de Ti en estos días todo lo que tienes para mí.

Expliqué con base en la Biblia que cuando Cristo nos manifiesta Su presencia, activa nuestra percepción sensorial. Cuando Isaías tuvo su magnífico encuentro con Dios, se activaron muchos niveles de percepción sensorial:

- Dios activó su vista: "Vi al Señor excelso y sublime" (Isaías 6:1).

- Dios activó su oído: "Se decían el uno al otro: 'Santo, santo, santo es el Señor Todopoderoso; toda la tierra está llena de su gloria'" (Isaías 6:3).

- Dios activó su sentido del tacto: "Se estremecieron los umbrales de las puertas" (Isaías 6:4).

- Dios activó su sentido del olfato: "El templo se llenó de humo" (Isaías 6:4).

A lo largo de la Biblia, vemos ejemplos de Dios activando los sentidos en sentido figurado:

Prueben y vean que el Señor es bueno. (Salmos 34:8)

Ábreme los ojos, para que contemple las maravillas de tu ley. (Salmos 119:18)

Dichosos los de corazón limpio, porque ellos verán a Dios. (Mt. 5:8)

Pido también que les sean iluminados los ojos del corazón.
(Ef. 1:18)

La siguiente historia puede retar su estructura teológica, pero yo estaba adorando a Cristo un domingo en mi iglesia en Atlanta, y olí la fragancia más deliciosa. Olfateé a la persona que estaba a mi derecha, pero no era ella. Olfateé a la persona que estaba a mi izquierda, cuyas manos estaban elevadas en adoración, pero definitivamente no era él. Le pregunté a uno de nuestros intercesores que estaba a mi lado:

—¿Hueles eso?

—Sí —respondió—. Es la presencia sanadora de Cristo. Está aquí para sanar hoy.

Después que terminó la siguiente canción, tomé un micrófono e invité a las personas con enfermedades y dolencias físicas a venir al frente para orar por sanidad. Esa mañana, muchas personas vinieron y una docena o más recibieron sanidad.

No puedo explicar cómo Dios escogió activar nuestra capacidad de oler Su presencia esa mañana en particular, pero lo hizo. Comparto esta historia, no para sonar sensacional y desde luego, no para distraernos con manifestaciones sobrenaturales, sino para ilustrar el amplio rango de medios por los que podemos percibir la presencia de Dios. En el Instituto de la Oración, les enseñamos a las personas que nunca deben buscar manifestaciones, ni siquiera buscar una experiencia extraordinaria. En cambio, les enseñamos a buscar un encuentro profundo con Cristo y dejarle las manifestaciones a Él. Dios sabe cómo manifestarse apropiadamente en el momento indicado; solo queremos que nuestros receptores estén listos para responder de la manera apropiada.

Más reuniones para recibir

De alguna manera, no necesitamos más reuniones de oración; necesitamos más reuniones para recibir. Cuando ponemos el énfasis en la oración, sin querer, podemos perder de vista lo que Dios hace y centrarnos de nuevo en lo que hacemos: orar. Sin embargo, cuando cambiamos el enfoque de ver lo que hacemos y lo ponemos en lo que Él hace, invertiremos proporcionalmente más tiempo en recibir mientras oramos.

Cuando era un pastor joven, Dios abrió mis ojos para entender este principio poco después de liberarme de la falta de oración. Casi siempre que oraba, el Espíritu Santo me decía:

—Extiende tus manos.

Extendía mis manos vacías en obediencia, con las palmas hacia arriba en dirección a Cristo mientras oraba. Me servía como un recordatorio poderoso que me demostraba que Dios no solo quiere que ore, sino que reciba.

¿Alguna vez ha reconocido que el patrón de oración del Señor (ver Mateo 6:9-13) se trata de recibir?

"Padre nuestro": Dios se convirtió en nuestro Padre cuando recibimos vida nueva en Cristo.

"Santificado sea tu nombre": recibimos la revelación de la virtud de Su nombre.

"Venga tu reino": recibimos Su reino anticipado.

"Hágase tu voluntad": recibimos el cumplimiento de Su voluntad.

"Danos hoy nuestro pan cotidiano": recibimos la provisión de Dios para las necesidades físicas.

"Perdónanos": recibimos la provisión de Dios para las necesidades espirituales.

"También nosotros hemos perdonado a nuestros deudores": damos lo que recibimos primero.

"No nos dejes caer en tentación" (NBD): recibimos el liderazgo de Dios.

"Líbranos": recibimos el rescate de Dios.

Al final del patrón de oración del Señor, le devolvemos todo de manera apropiada a Él: "Porque tuyo es el reino y el poder y la gloria para siempre jamás" (Mateo 6:13, LBLA).

No, no es egoísta

Las personas han cuestionado este énfasis que hago sobre recibir al sugerir, "¿No es egoísta estar recibiendo siempre?". No, no es cuestión de egoísmo, sino de dependencia. Tan solo mire el ejemplo de Cristo mismo: siempre estaba recibiendo porque vivía en un constante estado de dependencia del Padre.

El Hijo no puede hacer nada por su cuenta, sino lo que ve hacer al Padre. (Juan 5:19)

Yo no puedo hacer nada por iniciativa mía. (Juan 5:30)

Porque he bajado del cielo no para hacer mi voluntad sino la del que me envió. (Juan 6:38)

Nadie puede venir a mí si no lo atrae el Padre que me envió. (Juan 6:44)

Mi enseñanza no es mía (...) sino del que me envió. (Juan 7:16)

El que me envió está conmigo; no me ha dejado solo, porque siempre hago lo que le agrada. (Juan 8:29)

Yo no he hablado por mi propia cuenta; el Padre que me envió me ordenó qué decir y cómo decirlo. (Juan 12:49)

Así como el Padre me ha amado a mí, también yo los he amado a ustedes. (Juan 15:9)

Si obedecen mis mandamientos, permanecerán en mi amor, así como yo he obedecido los mandamientos de mi Padre y permanezco en su amor. (Juan 15:10)

Yo te he glorificado en la tierra, y he llevado a cabo la obra que me encomendaste. (Juan 17:4)

Ahora saben que todo lo que me has dado viene de ti. (Juan 17:7)

Porque les he entregado las palabras que me diste, y ellos las aceptaron; saben con certeza que salí de ti, y han creído que tú me enviaste. (Juan 17:8)

Como Jesús vivía en completa dependencia de Su Padre, en constante estado de recepción, no debería sorprendernos darnos cuenta con cuánta frecuencia exhortaba a Sus discípulos a permanecer en un estado activo de recepción:

Así que yo les digo: "Pidan, y se les dará; busquen, y encontrarán; llamen, y se les abrirá la puerta". (Lucas 11:9)

Porque todo el que pide, recibe; el que busca, encuentra; y al que llama, se le abre. (Lucas 11:10)

Por eso les digo: "Crean que ya han recibido todo lo que estén pidiendo en oración, y lo obtendrán". (Marcos 11:24)

Un hombre no puede recibir nada si no le es dado del cielo. (Juan 3:27, LBLA)

Hasta ahora no han pedido nada en mi nombre. Pidan y recibirán, para que su alegría sea completa. (Juan 16:24)

Reciban el Espíritu Santo. (Juan 20:22)

Pero cuando venga el Espíritu Santo sobre ustedes, recibirán poder y serán mis testigos tanto en Jerusalén como en toda Judea y Samaria, y hasta los confines de la tierra. (Hechos 1:8)

Armin Gesswein decía con frecuencia: "Hay una diferencia entre la oración por un avivamiento y la oración ferviente. Cuando solo se ora por avivamiento, usted puede orar con incredulidad, haciendo que el avivamiento se proyecte más y más hacia el futuro. Pero cuando participa en la oración ferviente, recibe en el instante una porción de aquello por lo que está orando". Note que la diferencia entre estos dos tipos de oración es recibir. Si "orar por el avivamiento" describe su vida de oración en el pasado, le animo a dejar de orar simplemente por algún avivamiento futuro y empezar a recibir ahora mismo una porción de eso que Dios quiere darle más plenamente a usted y a su familia de la iglesia: Su misma presencia.

Ahora es su turno: Paso de acción del día 4

Vuelva a leer con atención los versículos del día cuatro. Observe atentamente cuán consciente era Jesús sobre la importancia de la necesidad que tenemos de recibir de parte suya Su presencia. Tenga en cuenta cómo ayudó a Sus discípulos a volverse conscientes de recibir. Pídale a Cristo que lo haga a usted y a su familia de la iglesia más conscientes de recibir su presencia. En un sentido, todo el ministerio de discipulado de Jesús se trataba de preparar a Sus seguidores para recibir en el aposento alto la fuente principal de todas las descargas: la plenitud y el bautismo del Espíritu Santo. En las próximas semanas, aprenderá lo que significa recibir a nivel colectivo el desbordamiento y la plenitud del Espíritu Santo en su iglesia local. Sin embargo, hoy tiene una oportunidad de recibirla a nivel personal. La oración que los creyentes jordanos expresaron ese día es un buen punto de partida:

Padre, quiero recibir la plenitud de tu Espíritu Santo en el nombre del Señor Jesucristo. Abre mis ojos para que pueda ver y reconocer lo que estás haciendo en medio nuestro. Abre mis oídos para que pueda escuchar lo que estás diciendo. Ven, sana y activa mis receptores para que pueda recibir de Ti lo que tienes para mí.

Señor Jesús, lo que me estás enseñando hoy es _____

_____

_____

_____

_____

_____

Señor Jesús, el paso de acción que tomaré es _____

_____

_____

_____

_____

_____

Día

5

ABRA SUS OJOS

Las historias de la obra de Cristo son poderosas. Cuando permitimos que las personas que están en nuestro ámbito ministerial usen sus propias palabras para describir sus encuentros con Cristo, es como si pusiéramos al descubierto lo que Dios está haciendo entre nosotros. El resultado es contagioso.

Susana había usado lentes gruesos desde que tenía nueve años. Como empleada en una tienda de tejidos, se enfrentó a un gran desafío cuando se rompieron sus gafas: ¿cómo podría leer la letra diminuta impresa sobre los patrones de las prendas para ayudar a sus clientes?

Esa noche, Tammy, su hija de ocho años, anunció:

—Va a estar bien, mami. Oré por ti.

—Sí, Tammy —dijo Susana—. Dios proveerá dinero para que podamos arreglar mis gafas".

—Oh, no, mami. Le pedí a Dios que sanara tus ojos para que puedas leer la letra pequeña.

Susana lloró debido a su propia incredulidad en contraste con el alto nivel de fe de su hija. A la mañana siguiente, se levantó y se dio cuenta de que podía ver perfectamente. Sus ojos se habían sanado de manera milagrosa. Cuando contó su historia en nuestra familia de la iglesia, lloró de gozo otra vez por la sorprendente fe que su hija había mostrado en cuanto a la capacidad de Dios en contraste con su propia incredulidad. Como puede imaginar, esta historia fue catalítica ese domingo para inspirar la fe de muchas otras personas en nuestra congregación a fin de creer que Dios sana.

El poder de las historias en los Evangelios

Muchas veces, a lo largo de los Evangelios vemos cómo Jesús usó las historias de las personas para promover Su reino y aumentar sus niveles de fe.

Cuando se sentó e interactuó con la mujer samaritana, ella se sintió amada y aceptada. Cristo restauró su dignidad. No es de sorprender que el Evangelio de Juan incluya la siguiente declaración de síntesis: "Muchos de los samaritanos que vivían en aquel pueblo creyeron en él por el testimonio que daba la mujer: 'Me dijo todo lo que he hecho.'" (Jn. 4:39). Debido a su testimonio, cuando los samaritanos llegaron donde estaba Jesús, le pidieron que se quedara con ellos y Él se quedó dos días. "Y muchos más llegaron a creer por lo que él mismo decía" (Jn. 4:41).

El hombre endemoniado que vivía a las orillas del mar de Galilea, en la región de los gadarenos, se convirtió en el tema de una de las historias más impresionantes y transformadoras en los Evangelios. Vivía en el cementerio y tenía tal fuerza sobrenatural que podía romper cadenas de hierro con sus manos desnudas. Nadie podía refrenarlo. Era atormentado de día y de noche, y se laceraba con piedras a menudo. Se sentía torturado, rechazado y solo. Cuando Cristo lo liberó de sus demonios, fue un hombre transformado. Jesús le dijo que volviera a su ciudad natal y contara su historia: "Vete a tu casa, a los de tu familia, y diles todo lo que el Señor ha hecho por ti y cómo te ha tenido compasión" (Mr. 5:19).

La siguiente ocasión que Jesús regresó a esta misma región, no es de sorprender que hallara que las multitudes eran más numerosas que nunca: "Al bajar ellos de la barca, la gente en seguida reconoció a Jesús. Lo siguieron por toda aquella región y, adonde oían que él estaba, le llevaban en camillas a los que tenían enfermedades" (Mr. 6:54-55). La enérgica respuesta de parte de las multitudes se debía al poder del testimonio de un hombre.

Un diario sobre Dios

Hace años, estaba convencido de que los diarios eran para chicas o para afeminados. Un hombre de verdad nunca usaría un diario, o eso pensaba. Una mañana temprano, estaba desayunando con Henry Blackaby en un restaurante. Los dos vivíamos en Atlanta, entonces me reuní con este hombre piadoso para hacerle unas cuantas preguntas, y le escuché compartir un principio del reino tras otro.

Cuando supo que yo no tenía un diario, me miró perplejo.

—Si divisas un billete de veinte dólares en la acera —preguntó—, ¿te agachas y lo recoges?

—Seguro. Aún recojo monedas —admití.

—¿Tienes un lugar para poner tus billetes de veinte dólares?

—Seguro —asentí de nuevo.

Se inclinó sobre su tazón de avena, miró directo a mi alma y me preguntó con una sonrisa incierta:

—Qué es más valioso: ¿una palabra de parte de Dios o un billete de veinte dólares? —Supo que comprendí su idea—. Fred, cuando escuchas la palabra de parte de Dios y cuando lo ves en acción, querrás tener un lugar para escribir —siguió explicando—, un diario no se trata de tu historia; es la historia de Dios. Es donde registramos Su actividad. Entre más registramos, aprendemos a escuchar Su voz más efectivamente y a reconocer Su actividad a nuestro alrededor.

Ese desayuno con Henry Blackaby se dio hace dieciocho años. En las repisas de mi estudio, ahora tengo veintiún diarios sobre Dios llenos de Sus palabras y obras. Escribir se ha convertido en una de las disciplinas más vivificantes para mí.

El equipo pastoral de mi iglesia decidió que también quería empezar un diario sobre Dios. Cada semana, cuando nos encontramos para nuestra reunión de equipo, sacamos nuestro diario sobre Dios, compartimos historias de Su actuar entre nosotros y registramos Su actividad en la vida de nuestra familia de la iglesia. También iniciamos lo que llamamos con cariño un *Libro de la vida*, en el que registramos los nombres de cada persona que ora para recibir a Cristo como resultado de los ministerios de nuestra iglesia. Incluso el equipo de ancianos de nuestra iglesia inició recientemente su propio diario sobre Dios.

Un diario sobre Dios es benéfico en muchos niveles:

- Pone el foco en Dios y Sus actividades. Un diario sobre Dios es una maravillosa forma de cambiar nuestro enfoque en lo que Él está haciendo en nuestra iglesia y lo aleja de lo que nosotros estamos haciendo.

- Nos ayuda a aprender a escuchar la voz de Dios. Algunas personas lo llaman un registro profético: escribir lo que escucha que le dice el Espíritu Santo mientras ora.

- Nos ayuda a reconocer lo que Dios está haciendo a nuestro alrededor. Jesús dijo: "El hijo no puede hacer nada por su propia cuenta, sino solamente lo que ve que su padre hace" (Juan 5:19). Así como Jesús reconocía la obra del Padre a Su alrededor, también queremos aprender cómo reconocer la actividad del Padre.

Recuerde, el diario de Dios no es nuestra historia; es la historia de Dios. No queremos usarlo para registrar nuestra propia actividad, sino Su actividad. Nuestro equipo pastoral solo escribe dos cosas en nuestro diario sobre Dios: Su obra y Sus palabras.

Ahora es su turno: Paso de acción del día 5

Considere iniciar su propio diario personal sobre Dios en el que puede escribir Sus obras y palabras: dónde lo ve obrar y qué le escucha decir. Junto con su pastor líder, también puede iniciar un diario sobre Dios con toda la congregación para su familia de la iglesia.

Señor Jesús, lo que me estás enseñando hoy es _____

_____

_____

_____

_____

Señor Jesús, el paso de acción que tomaré es _____

_____

_____

_____

_____

Semana 1: Preguntas para grupos pequeños

1. Anime a alguien en el grupo a leer en voz alta Lucas 11:1-13.

2. ¿Qué aprenden a partir de estos versículos sobre la oración?

3. Cuando Fred pensó que estaba muriendo debido al dolor extremo de pecho, ¿qué le enseñó Dios? ¿Puede verse reflejado en esa situación? Narre su historia.

4. ¿Por qué la falta de oración es un indicador de orgullo y autosuficiencia?

5. ¿Qué ha usado Dios en su vida para llevarlo al arrepentimiento por la falta de oración?

6. ¿Por qué la breve oración de cuatro palabras, "Señor, enséñanos a orar" es una oración estratégica? Sea específico.

7. Cuando un invitado entra en su iglesia, qué piensa que es más importante para usted: ¿lo que usted y los suyos hacen en la iglesia o lo que Dios hace?

8. Ahora mismo, ¿dónde ve que Dios está obrando en su iglesia?

9. Si el Espíritu Santo dejara la iglesia (es puramente hipotético), ¿cuáles actividades terminarían y cuáles continuarían prácticamente tal como están?

10. Sueñe un poco. Durante los próximos treinta y un días, cuando Dios empiece a manifestar Su presencia más de manera más permanente en su iglesia, ¿cómo podría ser? Sea específico.

Semana 1: Consejo para pastores

A lo largo de las siguientes semanas de nuestra aventura, usted querrá considerar en oración qué historias transformadoras relacionadas con encontrar a Dios de las personas en su iglesia serán más efectivas para que las comparta en público. Las historias edifican la fe y son contagiosas. Si decide llevar su iglesia a nivel colectivo a lo largo de esta aventura de treinta y un días, será útil orar en público por la aventura durante la adoración del domingo.

Algunos de nosotros podemos presumir en el ministerio, pero nunca nos jactaremos en el aposento alto. Si no es consciente de sus propias deficiencias personales o si piensa de alguna manera que tiene lo necesario para servir a las personas en su propia fuerza, entonces, aunque no lo conozco, puedo decirle algo sobre usted: está exhausto. Incluso puede estar al borde del agotamiento. Por favor, hágase un favor: arrepiéntase. Detenga el juego. Sálgase de la rutina de la iglesia. Arrepiéntase de tener una visión sobredimensionada de su propia importancia. Arrepiéntase de su presunción autosuficiente. Arrepiéntase de su falta de oración.

Esta aventura de treinta y un días se ha diseñado para guiar iglesias locales para encontrar la presencia manifiesta de Cristo. Aunque definitivamente será benéfico para usted a nivel personal, recibirá mayor impacto al emprender esta travesía junto con un grupo pequeño de otros seguidores cristianos, con su equipo de liderazgo o con toda su familia de la iglesia. Debe decidir qué es mejor en su escenario particular en este tiempo específico. La próxima semana se trata en particular de formar su grupo principal de oración y traerlo con usted. Esto es lo que Jesús hizo cuando formó discípulos de oración.

REÚNANSE PARA EL FUEGO

El primer milagro del Cristo ascendido fue reunir a Sus discípulos en el aposento alto para orar. El segundo milagro fue derramar Su Espíritu Santo en la reunión del aposento alto el Día de Pentecostés. El tercer milagro fue ganar tres mil judíos a la fe en Cristo en una hora.

Nuestros hermanos y hermanas bautistas celebran el tercer milagro. Nuestros hermanos y hermanas pentecostales celebran el segundo. Pero todos necesitamos darnos cuenta de que sin el primer milagro, no habría habido ni segundo ni tercero. Es fácil pasar por alto el primer milagro: reunir ciento veinte discípulos en el aposento alto a fin de tener una reunión de oración para encontrarse con Dios. Este primer milagro en la primera iglesia es el primer milagro que Él quiere llevar a cabo en nuestras congregaciones, y es nuestro enfoque en la semana dos de nuestra aventura.

Edificar una iglesia de oración que se encuentra con Dios requerirá cada átomo de músculo de liderazgo que tenga. A Jesús también le tocó. Solo piense en esto: cuando Cristo ascendió al cielo, todo lo que dejó sobre la tierra fue una reunión de oración. Los tres años del discipulado sistemático de Jesús terminaron en reunir ciento veinte creyentes en el aposento alto para tener una reunión de oración a fin de encontrarse con Dios. No nos confundamos al respecto: esta reunión en el aposento alto fue el primer milagro del Cristo ascendido. Reunió a Sus seguidores allí para que pudiera derramar Su Espíritu Santo en ellos y después, enviarlos como obreros empoderados desde ese aposento alto para promover Su reino y cumplir Su misión por todo el mundo. Construir el aposento alto es el primer paso en el plan estratégico del método de Cristo. Sin esta reunión de oración previa a Pentecostés, no habría habido poder en Pentecostés y desde luego, nunca habrían existido los discípulos posteriores al Pentecostés que discipularon a todas las naciones.

La semana dos de nuestra aventura de treinta y un días empezará a establecer lazos con otros amigos de oración. Empezará a reunir al pueblo de Dios para tener una oración basada en la adoración que se encuentra con Dios en un ambiente tipo aposento alto. Antes de que salga corriendo a alcanzar las naciones, o incluso a amar a sus vecinos, empezará a reunirse y edificar un ambiente para darle la bienvenida a la presencia manifiesta de Cristo.

Día

6

PÓNGASE BAJO SUS ÓRDENES

Probablemente, usted podría construir una plataforma en su patio trasero si lo intentara. Incluso podría añadir una habitación en su casa si se dedicara a ello. Sin embargo, organizar una reunión de oración a fin de encontrarse con Dios en el aposento alto para su familia de la iglesia, requerirá trabajo en equipo.

Jim Cymbala, pastor del Tabernáculo de Brooklyn, sabe por experiencia que edificar un aposento alto no es para flojos. Cuando llegó a ser el pastor líder del Tabernáculo de Brooklyn, a la reunión de oración solo asistía un puñado de personas. En sus propias palabras, las cosas iban tan mal en su iglesia en decadencia que su familia no quería asistir. Él admite que en ocasiones, los servicios de adoración eran tan malos que ¡incluso no quería aparecer! Entonces, un día, Cymbala sintió que Dios le estaba hablando enérgicamente a lo más profundo de su alma.

—Si tú y tu esposa van a guiar a mi pueblo a orar y recurrir a mi nombre, nunca te faltará algo fresco por predicar. Voy a proveer todo el dinero que sea necesario, tanto para la iglesia como para tu familia, y nunca tendrás una construcción lo suficientemente grande para acoger a las multitudes que enviaré en respuesta.[1]

Él estaba abrumado por estas palabras esperanzadoras. Lloró. Sabía que las había escuchado de parte de Dios.

—De ahora en adelante, —le dijo Cymbala a su congregación—, la reunión de oración será el barómetro de nuestra iglesia. Lo que suceda en la noche del martes será el calibrador con el que juzgaremos el éxito o el fracaso, porque será la medida con la cual Dios nos bendice.[2]

En un par de semanas, el Tabernáculo de Brooklyn empezó a ver respuestas impresionantes a oraciones específicas. Personas nuevas empezaron a venir cada semana. Corrió la noticia por todo Brooklyn de que Dios estaba en el tabernáculo, y si una persona tenía profundas necesidades, ése era el lugar para ella o él. Adictos a la droga, prostitutas, personas sin hogar, proxenetas y travestis empezaron a venir a la iglesia. El poder del evangelio se difundía en la vida diaria de personas necesitadas, y todo sucedió en respuesta a la oración.

Hoy, miles de personas de toda la ciudad de Nueva York y de las afueras se reúnen no solo para adorar los domingos en el Tabernáculo de Brooklyn, sino que también oran juntas cada martes en la noche. Experimentan de primera mano la realidad de alcanzar un mundo herido mediante una iglesia avivada. La reforma del Tabernáculo de Brooklyn no empezó en una reunión del Comité; empezó en una reunión de oración. El impacto de esta iglesia en el área de la ciudad de Nueva York y alrededor del mundo hoy proviene de una reunión de oración para encontrarse con Dios en el aposento alto. Jim Cymbala y el Tabernáculo de Brooklyn están siguiendo el mismo método que Jesús implementó hace dos mil años.

→ No se alejen de Mi, dice el señor. Espera en la promesa de tu DIOS.

No se alejen de Jerusalén

Cuando Jesús formó Sus discípulos del aposento alto, no fue una tarea fácil. La noche que fue traicionado, aún no eran los discípulos del aposento alto. ¡Ni siquiera estaban cerca de serlo! Cuando llevó a los Doce al jardín de oración en Getsemaní, les pidió tres veces que oraran con Él, y tres veces se durmieron. Ni siquiera podían mantener los ojos abiertos durante una hora. Entonces, ¿qué hizo Jesús para meter a estos discípulos al aposento alto? Los puso bajo órdenes estrictas:

> *Una vez, mientras comía con ellos, les ordenó: "No se alejen de Jerusalén, sino esperen la promesa del Padre, de la cual les he hablado: Juan bautizó con agua, pero dentro de pocos días ustedes serán bautizados con el Espíritu Santo".*
> (Hechos 1:4-5)

La palabra para "ordenar" es el griego *paraggello*[3], la palabra más fuerte para dar una orden en la lengua griega. Significa "poner bajo órdenes militares, ordenar o mandar". Cuando Jesús envió a Sus discípulos de vuelta al aposento alto, no les hizo una sugerencia del tipo "tómenlo o déjenlo"; ¡era una orden! Ellos obedecieron de forma inmediata: "Cuando llegaron, subieron al lugar donde se alojaban" (Hechos 1:13).

No subestime el peso de este mandato. Estuvo presente en los discípulos como una espada desenvainada o una luz de neón intermitente. "No se alejen de Jerusalén" fue uno de los clásicos momentos del tipo "busca primero el reino de Dios y todo lo demás será añadido". Estableció la oración como el primer trabajo de los discípulos. Antes de planear, predicar, promover, hacer discípulos o alcanzar naciones, oramos. Oramos y recibimos. Recibimos poder en la plenitud de Cristo para que luego podamos cumplir efectivamente todas nuestras otras tareas.

"No se alejen de Jerusalén" establece nuestra primera tarea cuando ministramos en la presencia del Señor. Las otras tareas son secundarias.

El mandamiento final que Jesús dio no debería tomarse a la ligera. "No se alejen de Jerusalén" era un mandato tal como "no cometan adulterio" o "no asesinen". Estas cinco palabras hicieron que los discípulos se establecieran en el aposento alto. Arquímedes dijo: "Dame una palanca lo suficientemente grande y un respaldo sobre el cual apoyarla, y moveré el mundo". El mandamiento final de Cristo fue la palanca de los discípulos. El respaldo fue la autoridad soberana del Dios todopoderoso. Con este único mandato, Jesús movió a Sus discípulos de regresar a sus redes de pescar en Galilea para avanzar hacia las aguas inexploradas del aposento alto.

Ahora es su turno: Paso de acción del día 6

Hoy es tiempo de empezar a edificar su aposento alto. En los próximos días, usted tomará pasos para traer a otros, pero hoy empiece con usted. Mi mentor Armin Gesswein decía con frecuencia: "Si quiere avivamiento, dibuje un círculo a su alrededor y ore: '¡Señor, aviva a todo el que esté

dentro de este círculo!'" Ahora mismo, tómese tiempo para
hacer esa peligrosa oración. *Conexión contigo diariamente.*

¿Qué significa 'no alejarse de Jerusalén' para usted a nivel
personal? ¿Qué cambios necesita hacer un su vida y en su
horario para ponerse bajo las órdenes de Dios, así como lo
hicieron los discípulos? Sea específico. *Tiempo de Oración*
Cambios (organización con mi *(Jerusalén)*
tiempo)

Señor Jesús, lo que me estás enseñando hoy es _____

_____

_____

_____

_____

_____

Señor Jesús, el paso de acción que tomaré es _____
Organizar mi tiempo mejor, para
pasar tiempo de calidad con Dios.
5AM-5:40 Pray, get ready and go; 5:40-6AM drive
to work; 6AM-2:30 work; 2:30-3PM drive to the gym;
3PM-5PM-dress, workout, finish up; 5PM-5:30 go home;
5:30-7:30 dinner, cleanup, food prep, cloth for work, etc.
7:30-8:00 shower, get ready for bed; 8PM-9PM-prayer time.
Mi respaldo para avanzar es: LA AUTORIDAD
DEL DIOS SOBERANO Y SU JUSTICIA.
DIOS ES JUSTO, ÉL NOS DA SOLO LO QUE
NECESITAMOS, Y SU AUTORIDAD
MI PROTECCIÓN.

Día 7

MINISTRE A LA PRESENCIA DEL SEÑOR

Hoy, nos presentan un principio vivificante que puede ser nuevo para usted: el llamado supremo a ministrar a la presencia del Señor. No importa si es dueño de un negocio, maestro de escuela, vendedor, programador de computadores o piloto de avión; si tiene la intención de ser un discípulo del aposento alto, su primera tarea es ministrar a la presencia del Señor. Ésta es su primera responsabilidad cuando enfrenta un nuevo día. Cualquier otra responsabilidad viene después. Cuando Pablo, Bernabé y una banda de profetas que oraban se reunieron en el aposento alto en Antioquía, lo hicieron con un solo propósito: ministrar a la presencia del Señor: "Mientras ministraban al Señor y ayunaban, el Espíritu Santo dijo: 'Apartadme a Bernabé y a Saulo para la obra a la que los he llamado'" (Hechos 13:2, LBLA).

Estamos bien familiarizados con la frase *ministrar para el Señor* o incluso, *ministrar al Señor*, pero nosotros, quienes reconocemos la presencia manifiesta del Señor, recibimos la invitación de responder ante Su presencia manifiesta como el mayor tesoro en la vida. Cuando reconocemos que fuimos hechos para Su presencia manifiesta, no tenemos problema en permanecer en Su presencia y disfrutar cada minuto: "Una sola cosa le pido al Señor, y es lo único que persigo: habitar en la casa de Él todos los días de mi vida, para contemplar la hermosura de Él y recrearme en su templo". (Salmo 27:4). El concepto de ministrar al Señor puede ser extraño desde su experiencia, pero no lo era para los adoradores judíos. En muchas porciones del Antiguo Testamento, vemos que los sacerdotes no hacían nada distinto a ministrar a la presencia del Señor. David nombró sacerdotes levíticos para ministrar al Señor (ver 1 Crónicas 15:2). Los hijos de Sadoc eran los levitas que fueron designados para ministrar ante el Señor (Ezequiel 40:46; Joel 1:9, 13; 2:17). Samuel aprendió de niño a ministrar ante el Señor (1 Samuel 2:11). En Cristo, todos somos sacerdotes (1 Pedro 2:5, 9), se nos ha dado el mismo acceso para venir en conjunto ante el trono de gracia y ministrarlo a Él (ver Hebreos 4:16).

Un asunto de adoración

Ministrar al Señor es un asunto del tipo "ahora o nunca". Usted nunca se convertirá en un discípulo del aposento alto ni edificará una iglesia de oración hasta que aprenda a ministrar a la presencia de Cristo. Si tiene la intención genuina de darle la bienvenida a la presencia manifiesta de Cristo como una familia en la iglesia, solo tiene sentido el hecho de que primero necesita aprender qué significa ministrar a Su presencia. Cuando valore la presencia manifiesta de Cristo lo suficiente como para permanecer en la presencia de Dios y contemplar Su hermosura, entonces Dios le confiará más de Su presencia manifiesta. Si no valora la presencia de Cristo lo suficiente como para permanecer y ministrar a Su presencia, ¿por qué Él escogería seguir manifestándose a usted? Después de todo, Jesús dijo:

"No den lo sagrado a los perros (...) ni echen sus perlas a los cerdos, no sea que las pisoteen" (Mateo 7:6). No hay perla más preciosa que la presencia manifiesta de Cristo en nuestras vidas.

Demasiados cristianos ven la oración como un ejercicio religioso, no como algo relacional con Dios. Por esta razón, ven la oración como algo que hacer, no como algo que muestra quiénes son; para muchos es simplemente algo de marcar en su lista de cosas por hacer, en vez de una prioridad que nutre la vida. Tales personas pueden tratar el fervor de la presencia manifiesta de Dios con la misma actitud displicente. ¿Cuándo aprenderemos que si Cristo vive para orar (Hebreos 7:25), entonces también nosotros haríamos bien en vivir para orar —y, acoger la oración como nuestro estilo de vida? Como Cristo es la presencia manifiesta de Dios y un día, Su morada estará con nosotros por siempre (ver Apocalipsis 21:3), queremos acostumbrarnos a morar en Su presencia manifiesta ahora y cultivar una vida de oración continua. Estamos llamados eternamente a orar y a vivir en el fervor de Su presencia.

Es un principio del reino de Dios que en el mismo acto de recibir adoración, Dios a menudo escoge revelarse. Cuando ministramos, o adoramos a la presencia de Cristo, a menudo nos revela más de Él.

Nuestra primera tarea

Nuestra primera tarea es ministrar a la presencia de Dios. Parece lógico que Cristo no nos confiará las tareas dos, tres, cuatro o cinco hasta que cumplamos la tarea número uno.

Cuando llegué a Atlanta para pastorear la Alianza Cristiana en Lilburn en 1988, estaba abrumado por mi nuevo trabajo. Durante los primeros días, el Espíritu Santo me lo dejó bien claro:

—La razón principal por la que te llamé aquí a Atlanta es para adorarme. Eso me corrigió.

Viajo varias veces al año con el Instituto de la Oración a países de todo el mundo. Cada vez que llego a esos lugares, el Espíritu Santo me recuerda:

—La razón principal por la que te llamé aquí es principalmente para adorarme. Antes de que hagas algo más, quiero que cumplas tu primera tarea. Adórame primero y después, te daré tu segunda tarea.

Nadie era más profundamente consciente de su tarea de llevar el evangelio a todas las naciones que el apóstol Pablo, pero con todo eso sobre sus hombros, también conocía el gran peso de su primera tarea: ministrar a la presencia del Señor. "Apártenme ahora a Bernabé y a Saulo para el trabajo al que los he llamado" (Hechos 13:2).

Con frecuencia, me preguntan: "¿Qué diferencia una reunión de oración en el aposento alto de cualquier otra reunión de oración?" Fácil. La mayoría de las reuniones de oración tiene una agenda: orar por los ministerios de la iglesia, los misioneros, los niños y cosas así. Sin embargo, cuando nos reunimos en el Aposento alto, solo tenemos un punto en nuestra agenda: ministrar a la presencia de Dios.

Ahora es su turno: Paso de acción del día 7

La mejor manera de aprender a ministrar a la presencia de Cristo es ministrar a la presencia de Cristo. Invierta una hora, sesenta minutos ininterrumpidos, hoy o mañana a solas con Él. Sin medios de socialización digital. Sin música. Sin teléfono. Sin distracciones. Solo siéntese a los pies de Jesús y disfrute de Su presencia. Trátese como si fuera la mejor hora que tendrá en mucho tiempo. Programe su horario de modo que pueda pasar un tiempo prolongado, sin interrupciones con Dios.

Como hizo David, le pidió a Dios que le diera un corazón íntegro: "Instrúyeme, Señor, en tu camino para conducirme con fidelidad. Dame integridad de corazón para temer tu nombre" (Salmos 86:11). Pídale que lo haga una persona de *una sola cosa*:

> Una sola cosa *le pido al Señor, y es lo único que persigo: habitar en la casa del todos los días de mi vida, para contemplar la hermosura del y recrearme en su templo.* (Salmos 27:4).

> *—Marta, Marta —le contestó Jesús—, estás inquieta y preocupada por muchas cosas, pero* solo una *es necesaria. María ha escogido la mejor, y nadie se la quitará.* (Lucas 10:41-42).

> *Hermanos, no pienso que yo mismo lo haya logrado ya. Más* bien, una cosa *hago: olvidando lo que queda atrás y esforzándome por alcanzar lo que está delante, sigo avanzando hacia la meta para ganar el premio que Dios ofrece mediante su llamamiento celestial en Cristo Jesús.* (Filipenses 3:13-14)

Señor Jesús, lo que me estás enseñando hoy es _____

_____

_____

_____

_____

_____

Señor Jesús, el paso de acción que tomaré es _____

_____

_____

_____

_____

_____

DESPEJE SU CALENDARIO

Para algunos de nosotros, es posible que nuestro lugar favorito de reunión sea el bar donde las personas ven deportes, la tienda de café o nuestra sala de entretenimiento. Sin embargo, en el Medio Oriente, en los tiempos bíblicos cuando era tiempo de pasar el rato con los amigos, las personas iban al aposento alto —un lugar tranquilo y apartado para pensar, hablar, despejar la mente, tomar una bebida, contar algunas historias y relajarse al final de un día largo. Fue este lugar común el que Jesús seleccionó para convertirlo en la parte angular de la civilización.

El aposento alto es la joya de la corona del ministerio de discipulado de Jesús. También es lo más cerca que podemos tener el cielo de la tierra. La membrana que separa el cielo y la tierra se reduce en el aposento alto. Dios se acerca a Su pueblo y Su pueblo se acerca a Él. Es en este lugar que Cristo escoge manifestar Su presencia en formas visibles e inconfundibles. Habla. Trabaja. Y más importante, muestra Su rostro en el aposento alto.

El aposento alto, o *huperoon* en griego,[1] es común en todo el Medio Oriente. Las construcciones cuadradas del Mediterráneo ofrecen el espacio ideal, plano y abierto sobre los

techos donde las personas se reúnen para tener una conversación —beber té, narrar sus historias, dar la bienvenida a
invitados que no viven en la ciudad y relajarse al final del
día. Para Jesús y Sus discípulos, ofrecía un lugar ideal de
reunión donde podían hablar, orar, planear y comer juntos.
Cuando les dijo a Sus seguidores: "No se alejen de Jerusalén"
(Hechos 1:4), de inmediato supieron a dónde ir: "Cuando
llegaron, subieron al lugar [*huperoon*]" (Hechos 1:13).

El erudito bíblico F.F. Bruce dice: "En Jerusalén, los apóstoles fueron al lugar donde su grupo se quedaba —la cámara
alta. Es posible (...) que éste sea el lugar donde Jesús y Sus
discípulos habían celebrado la Pascua en la víspera de Su
ejecución (...) también puede haber sido donde se apareció
a algunos de ellos en Jerusalén después de que resucitó."[2] El
gran comentarista bíblico R.C.H. Lenski describió el *huperoon* como un lugar para el retiro y la quietud y, para el
grupo aquí descrito, un lugar que estaba libre de interrup-
ción y ruido.[3]

La tragedia de la iglesia moderna es que la joya de la corona
del ministerio de discipulado de Jesús se ha convertido en
gran medida en la omisión flagrante. Necesitamos aprender
cómo reconstruir el aposento alto de nuevo.

Las cinco características del aposento alto

Cada habitación tiene cinco elementos básicos: una puerta,
un ambiente, muros, piso y techo. Estos mismos cinco elementos son útiles para describir las cinco características del
aposento alto. Es fundamental que los entendamos si vamos
a reconstruir el aposento alto.

1. La puerta del aposento alto es baja: es la entrada de la humildad y la obediencia. Los discípulos entraron al aposento alto conscientes de su propia debilidad. Se humillaron ante el Señor en obediencia a Su mandato, "No se alejen de Jerusalén".

2. El ambiente del aposento alto es la unidad. Dice de los discípulos del aposento alto: "Todos, en un mismo espíritu, se dedicaban a la oración" (Hechos 1:14). Y diez días después de su primera reunión, dice: "Cuando llegó el día de Pentecostés, estaban todos juntos en el mismo lugar" (Hechos 2:1). Era más sorprendente que ciento veinte personas estuvieran en el mismo lugar de manera continua durante diez días, en perfecta unidad. ¿A qué se debe tal unidad? Simple. El único enfoque en el aposento alto es Cristo y cuando nos encontramos con Él, ya no tenemos alguna agenda escondida, no hay ambición egoísta, no hay celos amargos, no se dan codazos para alcanzar un cargo ni se pasa por encima de otros para llamar la atención. La unidad en el lugar se basa en el hecho de que cuando nos encontramos la presencia manifiesta de Cristo, tenemos un propósito, una fe, una esperanza, un bautismo y un Señor. Tenemos unidad.

3. Los muros alrededor del aposento alto son muros de aislamiento que no dejan entrar distracciones. Muchos aposentos altos en Medio Oriente tienen sobrecimientos que llegan hasta la cintura (no son muros de carga completos) para evitar que las personas se caigan y también, permiten un grado de privacidad.

Estos muros de piedra representan parámetros de separación. De igual forma, los primeros discípulos, todos los ciento veinte, cancelaron cualquier otra cita que tuvieran en su calendario con el fin de sacar tiempo para encontrarse con Cristo en un tiempo de adoración y oración prolongado y continuo. Para que usted y yo nos volvamos discípulos del aposento alto, también necesitamos levantar muros de separación a fin de impedir distracciones de otros compromisos en nuestros calendarios. Admitámoslo. A muchos de nosotros que somos líderes de iglesia nos halan en muchas direcciones. Incluso Bill Hybels, quien definitivamente sabe qué es un horario apretado, dice que "no está demasiado ocupado para orar".[4] Los discípulos del aposento alto no le dan sus sobras ni el tiempo libre a Dios; le dan el tiempo que Él quiera. Merece nuestro mejor tiempo. Como soy una persona madrugadora, me encuentro con Dios en la mañana porque quiero que mi tiempo con Él sea dinámico, quiero estar atento y receptivo. Cuando programo tiempo para que nuestra iglesia ore, no busco las sobras en el calendario de nuestra iglesia. En cambio, escojo el mejor tiempo de cada semana en el cual agendar nuestros tiempos de oración.

4. Las tarimas en el aposento alto vibran con anticipación. Los primeros discípulos estaban expectantes cuando se reunieron en el aposento alto porque Cristo les había dado la promesa del Padre (Hechos 1:4). Les había dicho que los revestiría con poder (Lucas 24:49), y le creyeron. Estaban abrumados tanto por la enormidad de la tarea como por la realidad de que

Cristo había regresado al cielo en ese momento. Puede imaginar con facilidad cómo su desesperación se convirtió rápidamente en expectación.

5. El techo en el aposento alto está bien abierto. La mayoría de aposentos altos en Medio Oriente no tienen techo. Algunos tienen tela para proteger del sol, pero en esencia, tienen un techo abierto. Ésta es una imagen del cielo abierto. Fue en este primer aposento alto en Jerusalén que Dios derramó Su Espíritu Santo. "Todos fueron llenos del Espíritu Santo y comenzaron a hablar en diferentes lenguas, según el Espíritu les concedía expresarse" (Hechos 2:4).

Por esta razón, podemos decir que el aposento alto fue la joya de la corona del ministerio de discipulado de Jesús. Reunir ciento veinte creyentes jóvenes de origen judío en Jerusalén durante diez días para tener un tiempo de oración, basado en la adoración, a fin de encontrarse con Dios, inmediatamente después de su ascensión al cielo, no era un hecho pequeño. Era algo que Él había edificado metódicamente durante tres años. El aposento alto hoy está notoriamente ausente en muchas de nuestras iglesias. ¿Cómo puede ser que la joya de la corona de la primera iglesia sea la flagrante omisión en cualquier iglesia? ¡Algo tiene que cambiar!

La parte más difícil de edificar una iglesia de oración bien podría ser decidir cuándo programar su reunión de oración para encontrarse con Dios en el aposento alto. A fin de que usted edifique una iglesia de oración, necesitará tomar el control del calendario de su iglesia.

Esto me recuerda la historia que el pastor Terry Teykl, mi amigo y compañero de movilización de oración, me contó. Cuando Dios puso en su corazón la carga de edificar una iglesia de oración, quería apartar un lugar de oración donde las personas pudieran reunirse en cualquier momento de la semana exclusivamente a orar. Encontró un pequeño lugar en su iglesia que estaba lleno de basura. Estaba convencido de que había encontrado el sitio perfecto para su salón de oración. Le presentó el asunto a su junta y para su sorpresa, se encontró con una resistencia significativa. Después de una hora de discusión infructuosa, uno de los miembros de su junta levantó los brazos en señal de frustración y dijo:

—Pastor, si le damos ese salón de oración, ¿qué rayos vamos a hacer con nuestra basura?

Cuando el hombre se dio cuenta de lo que había dicho, todo el mundo soltó la carcajada. Sin embargo, es un día triste cuando consideramos nuestra basura y marginamos la oración.

Quizás el ejemplo más impresionante de la ira de Cristo fue cuando limpió el templo y exigió que Su casa se convirtiera en una casa de oración. Ese mismo Jesús le ayudará a despejar el calendario de su iglesia para que pueda deshacerse de "su basura" y darle prioridad a la oración.

Cuando vivía en el sur de la Florida de joven, me dediqué a la pesca deportiva. Róbalo, gallineta nórdica, trucha, sábalo, tiburón y bacalao eran mis favoritos. Una mañana muy temprano, cuando mi alarma sonó a las 12:30 de la madrugada, salté del colchón y me dirigí hacia mi equipo de pesca. Un pensamiento pasó por mi mente, como si Dios me estuviera hablando: *¿Por qué no estás tan así de emocionado por encontrarte conmigo?* Dios me paró en seco. Sabía que era la voz del Espíritu Santo. ¡Sentí como si me hubieran golpeado la cabeza con un atún de veinticinco kilos! Me senté y me arrepentí. Estaba legítimamente convencido de que había estado tan absorto por la emoción de un pez que puede que ni siquiera hubiera atrapado y había descuidado por completo la emoción de algo seguro: encontrarme con Cristo y Su presencia manifiesta. Puse mi equipo de pesca en el armario y tomé mi Biblia. Esto dio inicio a un nuevo patrón de levantarme temprano.

Desde ese momento de mi juventud he cultivado el hábito de sacar una cita para encontrarme con Dios. Si alguien me pide que nos encontremos durante ese espacio de tiempo, simplemente digo:

—Lo siento. No puedo, ya tengo una cita.

Ahora es su turno: Paso de acción del día 8

Es importante que saque una cita para encontrarse con su Padre. Dele el mejor tiempo al comienzo de su día. Si no es una persona madrugadora, dele una hora en la noche cuando esté más lúcido. Apague el televisor y pase tiempo a solas con Dios. Jesús les dijo a Sus discípulos: "¿No pudieron mantenerse despiertos conmigo ni una hora? (...) Estén alerta y oren" (Mateo 26:40-41). Sin duda, sugiere que una hora con Él es un punto de referencia.

Entonces, ¿cuál será el tiempo para encontrarse con Dios? Saque su calendario ahora y programe su cita con Él.

83

Señor Jesús, lo que me estás enseñando hoy es _____

_____

_____

_____

_____

_____

Señor Jesús, el paso de acción que tomaré es _____

_____

_____

_____

_____

_____

Día

9

ANDEMOS

La mejor manera de aprender a orar es orar con personas que saben orar. Permítame darle ánimo: ahora mismo, hay personas a su alrededor que están esperando que los invite a tener una relación de oración de nivel básico.

Cuando Dios me puso primero bajo Sus órdenes, bajo el control total de la oración con un deseo de aprender a orar y traer personas conmigo, no sabía exactamente por dónde empezar, pero me pareció que no estaría mal invitar a tres personas que sabía que tuvieran una vida de oración para que oraran conmigo: Don, Leslie y Daniel. Don trabaja en una compañía de mensajería, Leslie es una excelente terapeuta de masajes y Daniel trabaja para un almacén especializado en decoración del hogar. Junto con otros pocos, nos convertimos en un grupito de oración de nivel básico. Nuestros trasfondos no podrían ser más diversos, pero eso no importaba porque nuestros corazones estaban juntos: todos amábamos a Jesús y queríamos que Él nos enseñara a orar.

He crecido enormemente gracias a mis mentores —Armin Gesswein, David Bryant, Henry Blackaby y Victor Hashweh—, pero estas relaciones han sido a larga distancia. Jim

Cymbala, Richard Foster, Alice Smith y otros líderes de oración han tenido una profunda influencia en mi vida, pero ha surgido principalmente mediante amistades casuales y libros. El número de mis intercesores ha crecido con el paso de los años, y nuestro equipo de oración ha cambiado, pero sin duda he aprendido más sobre la oración y el avance del reino de Cristo al arrodillarme con mis tres leales compañeros de oración, con quienes he andado como con una pandilla desde hace quince años, más que con cualquiera sobre la tierra. Hemos andado juntos desde esos primeros días. El *Urban Dictionary* [Diccionario Urbano] define 'pandilla' como "su equipo, sus compinches, un grupo de amigos, gente que le guarda la espalda"; [1] podríamos definirla como "sus principales compañeros de oración de nivel básico".

El método de Jesús

Jesús invirtió tres años en formar discípulos del aposento alto. Sabemos que Él practicaba una vida de oración: "Muy de madrugada, cuando todavía estaba oscuro, Jesús se levantó, salió de la casa y se fue a un lugar solitario, donde se puso a orar" (Marcos 1:35). También modeló una vida de oración para Sus discípulos. Incluso en medio de días pesados de ministerio continuo con personas en necesidad, Jesús tomaba tiempo para una pausa: "Él, por su parte, solía retirarse a lugares solitarios para orar" (Lucas 5:16). Su ejemplo de oración pertinente, vivificante era tan encantadora que un día, después que terminó de orar, uno de Sus discípulos le dijo: "Señor, enséñanos a orar, así como Juan enseñó a sus discípulos" (Lucas 11:1). Normalmente, les pedimos a las personas que nos enseñen lo que mejor saben hacer. Cuando dejamos de tener en cuenta el hecho de que

Jesús era bueno en tantas cosas —enseñar, predicar, sanar, sacar demonios, hacer discípulos—, cabe observar que lo único que Sus discípulos le pidieron que les enseñara fue a orar. Sería justo asumir que Jesús estaba más vivo, era más versado, era más Él mismo, más vibrante y contagioso cuando oraba que cuando estaba haciendo cualquier otra cosa.

Jesús tomó a Sus discípulos solos con el único y expreso propósito de orar. "Jesús, acompañado de Pedro, Juan y Jacobo, subió a una montaña a orar" (Lucas 9:28). Cuando hizo discípulos, hizo discípulos de oración, y dejó el modelo para el resto de nosotros.

Ore ahora

Cuando Cristo activa nuestra alarma del apetito espiritual, de forma inmediata e instintiva queremos orar con otros. Muchos de nosotros fuimos criados en la generación a la que se le enseñó a orar a solas, a orar en privado. Muchos crecimos en una iglesia en que la reunión de oración colectiva era árida, irrelevante y aburrida. Debo admitir que he soportado muchas reuniones de oración aburridas; dolorosamente aburridas. Eran tortuosas solo por una razón: carecían del fuego de la presencia manifiesta de Dios.

Una vez que Dios ha despertado la pasión en nosotros de orar y recibir el fuego de Su presencia manifiesta, es un indicador de que también ha puesto una pasión similar en otros a nuestro alrededor. He descubierto que éste es prácticamente un principio universal con el que podemos contar. Tan solo se trata de descubrir quiénes son esas personas. Dios nos ayudará a identificarlas y reunirlas en oración.

Mi amigo y mentor J. Edwin Orr no solo era un brillante historiador del avivamiento con tres doctorados en historia del avivamiento; también era un profesional catalítico que estaba ungido para despertar a las personas a fin de que buscaran a Cristo y se reunieran en oración para encontrarse con Dios. Cuando era joven y tenía una urgente necesidad de Dios, asistí a una conferencia sobre oración que aviva en la que el doctor Orr era el orador. Mis amigos y yo lo invitamos a almorzar y le pregunté:

—En sus sesenta años de estudio, ¿puede resumir todo lo que ha aprendido en una frase? Esperé para escuchar su próximo comentario.

—Sí— respondió el gran maestro del avivamiento. Cada vez que Dios está listo para empezar algo nuevo con Su pueblo, siempre lo pone a orar".[2]

Esta sencilla declaración recapitulativa es profunda. Hay dos puntos que vale la pena tener en cuenta: Dios siempre va primero, y Él lo hace al movilizar la oración colectiva.

Este principio que el Dr. Orr aclaró se origina en una de las promesas favoritas de Jesús: "Los llevaré a mi monte santo; ¡los llenaré de alegría en mi casa de oración! (...) porque mi casa será llamada casa de oración para todos los pueblos" (Isaías 56:7).

¿Notó de nuevo que es Dios quien va primero y lo hace primero al reunir a Su pueblo en oración colectiva? La oración es la obra primordial de Dios que caracterizará la reunión de Su pueblo.

¿No le encanta saber que la característica dominante del ambiente de la casa de oración para encontrarse con Dios es el gozo? Con frecuencia, les digo a mis líderes de oración:

—¡Lideren con gozo!

Cuando Cristo está al frente y dirige la reunión de oración, tenemos la libertad de ser nosotros mismos y animar a los demás a que sean ellos mismos. Cuando el Espíritu Santo dirige la reunión de oración y seguimos Su liderazgo, siempre habrá un ambiente de libertad y gozo.

Ahora es su turno: Paso de acción del día 9

No necesita ser pastor para reunir un núcleo de personas de oración. Todo el mundo quiere tener una reunión de oración enorme como la del pastor Jim Cymbala en el Tabernáculo de Brooklyn pero, ¿por qué no empezar por lo pequeño? Dele tiempo a Dios de poner una base sólida con un grupo nuclear. En las próximas semanas, tendrá la oportunidad de crear, con todo el apoyo y bendición de su pastor líder, una reunión de oración para encontrarse con Dios en la iglesia, pero ahora, reúnase con su núcleo de amigos de oración ahora.

Empiece preguntándole al Señor: "Padre, ¿a quién quieres que invite para tener una relación de oración de nivel básico? Él le dirá. Escriba su lista inicial de candidatos a continuación. Es tiempo de que arme su equipo y marchen.

_____   _____
_____   _____
_____   _____
_____   _____

- Establezca una fecha y un tiempo para crear la reunión de oración para su núcleo de amigos de oración. Al hacerlo, pregúntele a Dios: "Señor, ¿cuál es el mejor tiempo para reunirnos?" Sienta la libertad de llamar a su lista de candidatos para ser sus principales compañeros de oración y pregúnteles cuál es la mejor franja de tiempo para ellos. Establezca la fecha y el tiempo para su reunión inicial.

- Establezca el lugar.

- Invite a las personas. Empiece en pequeño con su lista de candidatos para ser sus principales compañeros de oración.

- Mantenga una reunión sencilla. Lidere con gozo. Deles libertad de orar a las personas. Adore primero. Cante. Dígale a su grupo: "Si tiene una oración, hágala. Si tiene una canción, cántela y si la sabemos, la cantaremos con usted. Si tiene un texto bíblico, léalo".

- Ore con su grupo nuclear por protección, dirección y revelación. Hemos descubierto que estas tres oraciones, aunque desde luego no hay una fórmula mágica, son bíblicas, estratégicas y significativas. (1) *Protección*. Un tercio de los salmos son oraciones pidiendo protección. La necesitamos porque el enemigo está a punto de perder terreno con rapidez, y no queremos su interferencia. Queremos desmantelar de forma proactiva su actividad desde el comienzo. (2) *Dirección*. Sincera y legítimamente, dependemos por completo de la dirección del Espíritu Santo en nuestra reunión. (3) *Revelación*. Queremos que Cristo se revele a nuestras vidas, y necesitamos la ayuda del Espíritu Santo en ese proceso. Pablo oraba claramente por esto: "Pido que el Dios de nuestro Señor Jesucristo, el Padre glorioso, les dé el Espíritu de sabiduría y de revelación, para que lo conozcan mejor (Efesios 1:17).

No tenga miedo de empezar en pequeño. Jesús empezó con doce, y a veces limitaba su equipo de oración a solo tres. Zacarías, el gran profeta del avivamiento, era uno de los profetas favoritos de Jonathan Edwards. Zacarías hizo la pertinente pregunta sobre el avivamiento: "¿Pues quién ha menospreciado el día de las pequeñeces?" (Zacarías 4:10 LBLA). Jesús incluso defendió pequeñas cosas y pequeños comienzos cuando dijo sobre el reino de Dios: "Es como un grano de mostaza: cuando se siembra en la tierra, es la semilla más pequeña que hay pero una vez sembrada crece hasta convertirse en la más grande de las hortalizas, y echa ramas tan grandes que las aves pueden anidar bajo su sombra" (Marcos 4:31-32)

Señor Jesús, lo que me estás enseñando hoy es _____
_____
_____
_____
_____
_____
_____
_____

Señor Jesús, el paso de acción que tomaré es _____

_____

_____

_____

_____

_____

_____

_____

Día

10

PÓNGANSE DE ACUERDO

El primer milagro que Cristo hace en cualquier iglesia es la formación de la iglesia misma. Reunir personas que vienen de una gama de trasfondos y unirlos en Cristo es ciertamente un logro milagroso de proporción extraordinaria. A simple vista, parece que la iglesia es lo que hacemos, pero bajo la superficie, la reunión de creyentes es ciento por ciento lo que Dios hace. Hasta que no reconozcamos el milagro de la reunión, siempre lo arruinaremos.

Una de las razones por las que nuestro concepto de iglesia está sesgado es porque cuando pensamos en "iglesia", pensamos en "edificio". Error. La iglesia no es una estructura física, ni una organización, sino una reunión relacional. Recordemos que la palabra que Jesús usó para "iglesia" fue *ekklesia*, que significa "convocados y reunidos".[1] La primera vez que Jesús usó esa palabra, dijo: "Sobre esta piedra edificaré mi iglesia [*ekklesia*], y las puertas del reino de la muerte no prevalecerán contra ella" (Mateo 16:18). Esta reunión, o edificio, de personas reunidas en público, la asamblea colectiva no es un milagro menor. Jesús edificó la primera iglesia, y Él mismo está halando ahora la carga completa de la influencia de Su liderazgo al reunir su iglesia y la mía. Esto es lo que algunos llaman "reunión-unción".

La otra ocasión en la que Jesús usa la palabra *ekklesia* se encuentra dos capítulos después, en Mateo 18:17. Lleva el principio de *ekklesia* al siguiente nivel al darles a los discípulos el principio del reino del poder de estar de acuerdo:

Les aseguro que todo lo que ustedes aten en la tierra quedará atado en el cielo, y todo lo que desaten en la tierra quedará desatado en el cielo. Además les digo que si dos de ustedes en la tierra se ponen de acuerdo sobre cualquier cosa que pidan, les será concedida por mi Padre que está en el cielo. Porque donde dos o tres se reúnen en mi nombre, allí estoy yo en medio de ellos. (Mateo 18:18-19)

El poder de estar de acuerdo no es simplemente un beneficio colateral menor, que la Iglesia disfruta; en realidad es un gran propósito por el que la Iglesia existe —a fin de promover el reino de Cristo sobre la tierra y derrocar las fuerzas del enemigo (Mateo 16:18). Por esta razón, Cristo nos ha dado autoridad para atar y desatar (Mateo 16:19). Demasiados cristianos hacen que atar y desatar sea demasiado complicado. Jesús no explicó mejor el mandato porque no lo necesitaba. Muy simple, hemos sido empoderados para atar lo que es malvado y desatar lo que es bueno (Isaías 58:6); ejercer autoridad en oración y declaraciones unánimes. Permítame darle unos pocos ejemplos de lo que atamos y desatamos:

Atar	Desatar
Pecado	Santidad
Opresión	Libertad
Quebranto	Restauración
Yugo	Liberación

Temor	Valor
Pobreza	Provisión
Violencia	Paz
Enfermedad	Salud
Decepción	Verdad
Oscuridad	Luz
Esclavitud	Libertad
Confusión	Claridad
Insensatez	Sabiduría
Incredulidad	Fe
Odio	Amor
Falta de perdón	Perdón

Oraciones sin obstáculos

Si usted tiene la intención sincera de edificar una iglesia de oración que se encuentre con Dios, y traer a otros junto con usted, primero querrá aprender a atar y desatar en su propia casa. Dios quiere liberar esa presencia manifiesta en su matrimonio y en su familia, y esto inicia cuando empieza a orar con frecuencia junto con su cónyuge.

Cuando Jerry entró caminando en nuestra iglesia durante la noche de oración, era evidente que tenía una gran tristeza. Explicó que su papá acababa de ser diagnosticado con cáncer terminal y solo le habían dado unos pocos meses de vida. Después, me contó la peor noticia mientras rompía en llanto:

—Pastor, mi papá no es cristiano.

Sentí el peso de su carga. Aunque Jerry había intentado muchas veces compartir las buenas nuevas de Cristo con su papá, él había permanecido indiferente. Nos detuvimos de inmediato a orar por su papá. Cuando lo hicimos, el Señor me dijo:

—Ata al enemigo; Satanás está cegando sus ojos.

Pensé enseguida en el versículo bíblico: "El dios de este mundo ha cegado la mente de estos incrédulos, para que no vean la luz del glorioso evangelio de Cristo, el cual es la imagen de Dios" (2 Corintios 4:4).

Dejamos de orar, y llevé a Jerry a atar a Satanás para que soltara a su padre:

—Satanás, te ato ahora mismo en el nombre del Señor Jesucristo. Te ordeno que te vayas de la vida del papá de Jerry, porque está escrito: 'Resistan al diablo, y él huirá de ustedes' (Santiago 4:7). Te prohíbo que sigas cegando sus ojos por más tiempo, y no puedes evitar que reciba salvación en el Señor Jesucristo —después oramos— Padre, declaramos que éste es el día de salvación para el papá de Jerry. Envía al Espíritu Santo para que llegue a conocer la vida eterna solo mediante Cristo.

Tan pronto como terminamos de orar, Dios me dio la estrategia que debía usar para compartir las buenas nuevas de Cristo con el papá de Jerry. Él y yo seguimos la estrategia y dos semanas después, llamé a su papá por teléfono y oró conmigo para recibir a Cristo. Un mes después, fue bautizado y tres meses después, estaba en el cielo. No subestime la efectividad de atar a Satanás. Puedo contarle docenas de historias similares de amigos, familia y vecinos que han venido a conocer a Cristo después de que mi esposa y yo ejercimos nuestra autoridad de atar y desatar, que Jesús nos delegó.

Estar de acuerdo en casa

El apóstol Pedro dio uno de los mejores consejos de todos los tiempos para el matrimonio:

En cuanto a ustedes, los esposos, sean comprensivos con sus esposas. Denles el honor que les corresponde, teniendo en cuenta que ellas son más delicadas y están llamadas a compartir con ustedes la vida que Dios les dará como herencia. Háganlo así para no poner estorbo a sus propias oraciones. (1 Pedro 3:7).

Si el versículo dijera: "Para que su vida sexual no se entorpezca", todos reaccionaríamos, escucharíamos y pondríamos suma atención. Sin embargo, el valor supremo del matrimonio no es un encuentro sexual, sino un encuentro espiritual con nuestro Dios. Como cónyuges, nos amamos, nos bendecimos y nos honramos para que podamos alcanzar el propósito supremo de encontrar la presencia manifiesta de Cristo juntos.

Después de once años de matrimonio, llegué a casa una noche y le dije a Sherry que después de comer y acostar a los niños, tenía una sorpresa para ella. Cuando los arropamos a todos, nos sentamos en el sofá y empecé:

—¿Me perdonarías por no ser el líder espiritual en nuestro matrimonio? Ella estaba conmovida y me perdonó sin reservas. Quiero hacer un compromiso contigo —dije mientras sus ojos empezaban a humedecerse. Quiero empezar a orar contigo todos los días —ella empezó a llorar de gozo.

Había esperado pacientemente este momento durante muchos años. Con amabilidad y respeto, me había pedido que orara con ella desde que nos casamos, y yo había descartado la petición de forma casual y altiva como el capricho de una esposa. No sabía por qué, pero nunca lo había tomado en serio. De hecho, para ser todavía más vulnerable, la idea de orar con frecuencia con Sherry realmente me intimidaba. Tenía una larga lista de razones por las que yo, y muchos esposos, nos aterramos cuando pensamos en orar con nuestras esposas.[2] Pero ese día, todo cambió en mi corazón. Quedé en la lona ante el hecho de que mi orgullo era la raíz de mi problema. Me humillé ante Sherry y le pedí que me perdonara. Reemplacé mi resistencia altiva por humildad y oración.

Ese día, tanto mi vida como mi matrimonio cambiaron. Por la gracia de Dios, puedo informarle que acabamos de celebrar nuestro cuadragésimo aniversario de bodas, y Sherry y yo hemos orado juntos prácticamente cada día desde que me humillé por primera vez. Durante casi treinta años, hemos disfrutado de innumerables beneficios al ponernos de acuerdo en oración. A continuación, presento varios:

- *Poder para estar de acuerdo.* Jesús dijo: "Si dos de ustedes en la tierra se ponen de acuerdo sobre cualquier cosa que pidan, les será concedida por mi Padre que está en el cielo" (Mateo 18:19). No toma mucho tiempo ponerse de acuerdo en oración. Puedo tener una respuesta más rápida a una oración de cinco segundos con Sherry que al orar una hora sin ella.

- *Victoria sobre la ira*. Pablo dijo: "No dejen que el sol se ponga estando aún enojados, ni den cabida al diablo" (Efesios 4:26-27). No hay manera de que podamos orar cuando estamos enojados. El compromiso de orar juntos cada día con nuestro cónyuge evita que permitamos que el diablo se posicione en nuestra relación.

- *La presencia manifiesta de Cristo*. "Porque donde dos o tres se reúnen en mi nombre, allí estoy yo en medio de ellos" (Mateo 18:20). El mayor beneficio de ponernos de acuerdo es que le damos la bienvenida a la presencia manifiesta de Cristo en nuestras vidas y matrimonio, todos los días.

Una vez a la semana más o menos, Sherry y yo disfrutamos de un tiempo de oración prolongado, de quince minutos a una hora o más, pero normalmente solo oramos juntos durante uno o dos minutos cada día. Alternamos —algunas noches ella ora y algunas noches, yo. Si estoy demasiado cansado mientras nos acostamos en la cama, le doy un golpecito en la pierna y le pido que ore. Si ella está demasiado cansada, me devuelve el golpe. Algunas noches, ambos estamos exhaustos, decimos oraciones sorprendentemente breves. Una noche memorable, fui generoso y con toda la energía que pude reunir, simplemente dije:

—¡Buenas noches, Dios!

Usted puede pensar que esto es tonto o incluso legalista. Para nada. Legalismo es cuando lo obligan a hacer algo que no quiere hacer o pensar que cuando lo hace, es mejor que otros. Orar a diario con Sherry es lo que quiero hacer, no algo que tengo que hacer. No me hace sentir mejor que alguien más, sino que definitivamente estoy agradecido por todos sus beneficios.

Parte de la belleza de estar de acuerdo es que no toma mucho tiempo. Podemos hacerlo en un segundo. Atar y desatar es lo mismo. No necesito orar durante horas para hacerlo, se puede hacer en segundos. *Padre, ato* incredulidad *en el nombre del Señor Jesucristo. Desato* fe . ¡Usted puede superar eso!

Ahora es su turno: Paso de acción del día 10

El poder de estar de acuerdo es una bendición que puede empezar a usar ahora. Use la autoridad de atar y desatar con su grupo de oración. A veces, también es importante poder estar de acuerdo con solo un amigo de confianza. Si está soltero, ¿con quién puede empezar una relación de oración —alguien a quien le confíe sus necesidades personales, profundas y se pongan de acuerdo en oración? Invite a esa persona para que sea su compañero de oración. Si está casado, su cónyuge es su compañero de oración preparado de antemano. Si todavía no ha hecho un compromiso de orar con su cónyuge cada día, no sabe lo que se está perdiendo. Humíllese. Vaya con su cónyuge, y comparta su deseo de empezar a orar cada día. Haga el compromiso. Empiece hoy.

Señor Jesús, lo que me estás enseñando hoy es _____
_____
_____
_____

Señor Jesús, el paso de acción que tomaré es _____

_____

_____

_____

Semana 2: Preguntas para grupos pequeños

1. Anime a alguien en el grupo a leer en voz alta Hechos 1:1-14. ¿Qué impacto tuvo el mandato de Jesús "No se alejen de Jerusalén" en los primeros discípulos? ¿Cuál principio del reino significativo nos enseñan esas cinco palabras?

2. ¿Qué significa "ministrar al Señor"? Sea específico. ¿Por qué ésta es nuestra primera tarea?

3. Hay tres ejemplos en las Escrituras de individuos que fueron personas de *una sola cosa*: David en el Salmo 27:4, María en Lucas 10:41-42 y Pablo en Filipenses 3:13-14. En sus propias palabras, ¿cómo describiría a una persona de *una cosa*?

4. ¿Cuáles son las cinco características del aposento alto que corresponden a los cinco aspectos de toda habitación: puerta, ambiente, muros, piso y techo?

5. Para que sea un discípulo del aposento alto, ¿qué muros necesitará levantar a nivel personal para proteger su horario y permitir tiempos prolongados de oración individual y colectiva?

6. ¿Alguna vez ha tenido un compañero de oración con el que se reuniera con frecuencia para buscar el

rostro de Cristo? Describa los beneficios que experimentó. ¿Quién en su vida piensa que ahora mismo tiene hambre de Dios y podría tener en cuenta para invitar a tener una relación de oración?

7. ¿Qué le impresiona más de la vida de oración de Jesús? ¿Por qué? Sea específico.

8. Describa lo que queremos decir cuando hablamos de hambre y apetito espiritual. En una escala de uno a diez, ¿cómo clasificaría su propia hambre espiritual? ¿Por qué? ¿El hambre espiritual de la familia de su iglesia?

9. Jesús nos habla sobre el poder de estar de acuerdo en oración. Lea Mateo 18:18-20. ¿Por qué piensa que ponerse de acuerdo es tan efectivo?

10. ¿Alguna vez ha considerado orar a diario con su cónyuge? ¿Cuáles son algunos de beneficios evidentes que podría recibir?

Semana 2: Consejo para pastores

Como guardián en su iglesia local, está aprendiendo lo que significa ministrar a la presencia del Señor. ¿Cómo va? Con todas las exigencias del trabajo en la iglesia que requiere el ministerio público, Dios quiere empoderarlo para tomar control de su horario a medida que se pone bajo Sus órdenes para orar primero. Dios quiere empoderarlo para restaurar su propio corazón a fin de buscar a Cristo y Su reino y despejar su calendario personal antes de que intente despejar el calendario de su iglesia. Solo entonces, podrá reclutar unos cuantos que buscan a Cristo para que anden con usted.

Las esposas de los pastores pueden ser las personas más solitarias y abandonadas en toda la congregación. Con las exigencias abrumadoras del ministerio en el siglo veintiuno, hoy es una perfecta oportunidad para que se llame a usted mismo a una pausa, se siente con su esposa, le haga preguntas del corazón, la escuche y haga el compromiso de ser el líder espiritual. Humíllese. Dígale a su esposa que su primer y más importante ministerio público es ella y que cualquier otra persona está en segundo lugar. Comprométase, por la gracia de Dios, a orar con ella cada día.

Si ha escogido llevar a cabo esta aventura de treinta y un días a nivel colectivo, le será útil en este punto de su travesía compartir con su congregación una bendición específica que ya ha recibido durante la aventura.

Semana 3

DELE LA BIENVENIDA AL FUEGO

Lo que distingue a nuestra iglesia del bar donde las personas ven deportes o del gimnasio de la cuadra no es la omnipresencia de Dios. Puede sonar crudo, pero la omnipresencia de Dios está tanto en el bar de homosexuales del centro como lo está en la Primera Iglesia Bautista o en la iglesia Willow Creek. Lo que distingue a la iglesia de cualquier otra institución sobre la tierra es la realidad llameante de la presencia manifiesta de Cristo.

Una iglesia sin la presencia manifiesta de Cristo no es una iglesia, es una imitación. Una iglesia sin la presencia manifiesta de Cristo, es un club social al igual que un carro sin motor no es un carro, es un chasis.

La razón por la que los jóvenes adultos están dejando la iglesia en manada es porque, si quieren un club, pueden encontrar algo más emocionante. Es tiempo de que no solo redescubramos la distinción entre la omnipresencia de Dios y Su presencia manifiesta; es tiempo de que acompañemos a las personas de regreso para encontrar la presencia manifiesta de Cristo.

La semana tres es la semana fundamental de nuestra aventura de treinta y un días. Es la semana en la que nos movemos de hablar sobre el fuego para realmente recibir el fuego. Lista o no, Iglesia en Fuego, allá vamos.

NO LE TEMA AL FUEGO

Si el propósito principal de la iglesia fuera retener la verdad proposicional, a Jesús lo podrían haber visto caminando en una biblioteca. Si la iglesia finalmente fuera un centro de predicación, Él podría haber caminado entre atriles, tarimas o pulpitos. Si el propósito de la iglesia fuera principalmente desplegar tropas en una misión para Cristo, Jesús podría haber caminado sobre la plataforma de un portaaviones. Si el propósito de la iglesia fuera básicamente tratar a los heridos, Él podría haber andado por los pasillos de un hospital.[1] Sin embargo, cuando Juan vio al Cristo entronado, exaltado, en el primer capítulo del libro de Apocalipsis, el Señor estaba caminando entre candelabros. Cada uno representaba una iglesia local diferente durante el primer siglo en lo que ahora es la mitad occidental de Turquía. Estos mismos candelabros nos muestran que el propósito principal de la iglesia es mantener el fuego de la presencia manifiesta de Dios.

¿Por qué fuego?

El primer vistazo que damos de la primera iglesia es el de la iglesia en el fuego. En el día de Pentecostés, la primera iglesia fue bautizada en el Espíritu Santo y fuego. No es de sorprender que la cabeza de cada creyente en el edificio estuviera cubierto con lo que literalmente parecían llamas (ver Hechos 2:3).

La imagen final que tenemos de la primera iglesia también es la de la iglesia en el fuego. Cuando el Cristo resucitado, ascendido, exaltado y entronado se reveló al apóstol Juan, quien estaba encarcelado como prisionero político de Roma, estaba exiliado en la isla mediterránea de Patmos, él vio fuego. Mientras se retrata a Cristo caminando entre las siete iglesias en el libro de Apocalipsis, cada una de ellas no solo está en fuego —de hecho, sostiene la llama. Cuando el apóstol Juan volteó para ver la voz de Quien le hablaba, primero vio los candelabros (ver Apocalipsis 1:12).

Piense en esto: los candelabros definen la esencia de la iglesia. La palabra griega para candelabro es *luxnos*; lo que Juan vio fue siete piezas de mobiliario independientes que contenían aceite que se encendían para alumbrar a quienes estaban en los alrededores. El *luxnos* no era la llama, sino que llevaba la llama. Esta imagen llameante ofrece una profunda imagen profética de la identidad esencial de la iglesia como un organismo que ofrece la llama de la presencia manifiesta de Dios al mundo. Así como un *luxnos* existe con el único propósito de extender luz, asimismo la iglesia existe con el único propósito de ofrecer la llama de la presencia manifiesta de Dios. No hay otra institución humana que pueda cumplir este papel único. Una *Iglesia en Fuego* es una descripción adecuada de la razón por la que la iglesia existe sobre la tierra.

El apóstol Juan explicó: "Me volví para ver de quién era la voz que me hablaba y, al volverme, vi siete candelabros de oro [*luxnos*]. En medio de los candelabros [*luxnos*] estaba alguien 'semejante al Hijo del hombre'" (Apocalipsis 1:12-13). Cristo aún está caminando entre los candelabros. Está examinando la llama, esperando que su iglesia y la mía ofrezcan la hoguera intensa de la presencia manifiesta de Cristo.

La única razón por la que su iglesia está en su comunidad es para ofrecer la presencia manifiesta de Cristo en medio de ella. Esto quiere decir que Él quiere visitar su familia de la iglesia de formas tangibles que incluso sus vecinos, que no hacen parte de la iglesia, puedan entender.

Desde la primera imagen que tenemos de la iglesia en el Nuevo Testamento en el aposento alto durante el día de Pentecostés hasta la imagen final de la iglesia en Patmos, tenemos el mismo mensaje: la iglesia está aquí en la tierra para llevar el fuego, el fuego de la presencia manifiesta de Cristo. El fuego no es la pasión o el entusiasmo humano. Tampoco es la actividad religiosa. El fuego no es nuestra actividad, sino la obra de Dios. El fuego es la presencia manifiesta de Cristo.

Manifestaciones de fuego

La Biblia está llena de manifestaciones del fuego producto del encuentro con Dios. Piénselo.

Dios se reveló en la zarza ardiente a Moisés porque quería que guiara a Su pueblo de la esclavitud a la Tierra Prometida (Éxodo 3:2).

Dios quería que Su pueblo se volviera de los ídolos para servir al Dios viviente, entonces Elías declaró con valentía:

109

"¡El que responda con fuego, ése es el Dios verdadero!" (1 Reyes 18:24). Cuando oró, fuego cayó del cielo y las personas cayeron rostro a tierra en adoración (1 Reyes 18:36-39).

Cuando Salomón terminó el templo, Dios quería que guiara a Su pueblo más allá de la simple adoración externa a una adoración sincera; entonces derramó fuego para consumir la ofrenda colectiva de animales y llenó el templo con Su gloria (2 Crónicas 7:1).

Dios tomó un carbón encendido del altar y tocó los labios de Isaías porque quería levantar una voz profética para hacer que Su pueblo se volviera a Él (Isaías 6:6-8).

Dios llenó la iglesia con Su Espíritu Santo y cubrió a cada persona con lo que parecían llamas de fuego cuando le dio vida a la iglesia y la invistió de poder para hacer discípulos en todas las naciones (Hechos 2:3-4).

Dios le mostró al apóstol Juan la imagen final de la iglesia en la Biblia al revelarle la impresionante representación de los candelabros (Apocalipsis 1:12).

No es de sorprender que Pablo exhortara a los creyentes en la iglesia en la ciudad de Tesalónica: "No apaguen el Espíritu" (1 Tesalonicenses 5:19).

En cada uno de estos ejemplos, el fuego representaba la presencia manifiesta de Dios. Él era el centro, no el fuego. Nadie empezó a adorar el fuego; empezaron a adorar a Dios. Es importante que tengamos en cuenta que con mucha frecuencia, la presencia manifiesta de Dios no estará acompañada de fuego, al menos no fuego literal. El asunto fundamental no es la percepción del fuego, sino la presencia de Dios. Es importante que mantengamos nuestro enfoque en Cristo y no en la manifestación. Al mismo tiempo, es importante que reconozcamos que no solo hay una cosa como la presencia manifiesta de Cristo, sino que Su presencia manifiesta juega un papel irremplazable en la iglesia.

Una diferencia de suma importancia

La tragedia de la iglesia moderna es que nos hemos conformado con la omnipresencia de Dios y prácticamente, hemos subestimado Su presencia manifiesta. No me malinterprete, la omnipresencia de Dios es una realidad profunda. El hecho de que Él está en todas partes, presente al mismo tiempo, que promete que nunca nos dejará ni nos abandonará (Hebreos 13:5), que está con nosotros dondequiera que vayamos (Josué 1:9), que está con nosotros siempre (Mateo 28:20), que es imposible escondernos de Su Espíritu (Salmos 139:7-8) no solo es bíblico, sino consolador y benéfico. Sin embargo, debemos darnos cuenta de que no podemos tomar más o menos de Su omnipresencia —ésta beneficia a todas las personas por igual, sean hindúes, budistas, musulmanes, judíos, ateos seculares o cristianos. Por esta razón, la omnipresencia de Dios no requiere de oración en absoluto. No hay necesidad de que alguna vez pidamos por la omnipresencia de Dios.

No obstante, la presencia manifiesta de Dios es categóricamente diferente. Por definición, es imposible ignorarla. A diferencia de Su omnipresencia, esta es selectiva y altamente personal. A.W. Tozer era un precursor de la oración quien señaló que hay una diferencia de la distancia del Gran Cañón entre las dos: "La presencia y la presencia manifiesta no son lo mismo. Puede haber una sin la otra. Dios está aquí cuando lo ignoramos por completo. Él solo se manifiesta cuando somos conscientes de Su presencia".[2] Como no hay necesidad de pedir por la omnipresencia de Dios, encontrar Su presencia manifiesta está en el centro mismo de la oración. Puede ser útil comparar y contrastar la diferencia entre la omnipresencia de Dios y Su presencia manifiesta:

Omnipresencia	Presencia manifiesta
Bíblica	Bíblica
Real	Real
Fiel a Su naturaleza divina	Fiel a Su naturaleza divina
Teórica, por lo general	Transformadora, por lo general
Disponible para todos	Normalmente para el pueblo de Dios
Universal	Selectiva
Generalmente impersonal	Altamente personal
Abstracta	Específica
Rara obediencia	Requiere obediencia
No requiere oración en absoluto	Normalmente, requiere oración[3]

Ahora es su turno: Paso de acción del día 11

Es bastante posible que su familia de la iglesia hoy no parezca un candelabro de manera perceptible. Puede que no lo vea así, pero Dios sí. Quizás su experiencia con toda la iglesia, incluso en la que creció, pudo haber sido aburrida, predecible y nada memorable, no fue el candelabro en el que encontró la presencia manifiesta de Cristo. Jesús tiene una perspectiva diferente de lo que debería ser Su Iglesia. Hoy, póngase de acuerdo con la perspectiva de Dios y empiece a ver su iglesia como un candelabro. En el siguiente espacio, use palabras o frases sencillas para describir cómo sería la presencia manifiesta de Cristo llenando su tiempo de adoración del domingo en la mañana.

_____

_____

_____

_____

_____

Señor Jesús, lo que me estás enseñando hoy es _____

_____

_____

_____

_____

Señor Jesús, el paso de acción que tomaré es _____

_____

_____

_____

_____

_____

Día

12

ORE POR SU HAMBRE DE DIOS

Darle la bienvenida al fuego de la presencia manifiesta de Dios no es complicado. No necesitamos un programa de doce pasos sobre cómo prender la iglesia con fuego. Podemos soltar un gran suspiro de alivio porque el fuego es obra de Dios, no nuestra. Todo lo que necesitamos es orar por nuestra hambre de Dios y reunir personas hambrientas que oren con nosotros.

Si alguien tiene sed

Orar por nuestra hambre espiritual es la clave para todo avivamiento. Jesús puso en marcha este principio en un vozarrón hacia una multitud de "aspirantes a" adoradores:

En el último día, el más solemne de la fiesta, Jesús se puso de pie y exclamó: "¡Si alguno tiene sed, que venga a mí y beba! De aquel que cree en mí, como dice la Escritura, brotarán ríos de agua viva". Con esto se refería al Espíritu que habrían de recibir más tarde los que creyeran en Él. Hasta ese momento el Espíritu no había sido dado, porque Jesús no había sido glorificado todavía. (Juan 7:37-39)

Me encanta el hecho de que Jesús hizo esa declaración en voz alta. Supongo que quería que todos lo escucharan. En un sentido, Sus palabras aún hacen eco a lo largo del tiempo de la historia de la iglesia avivada. A Evan Roberts, el evangelista galés, le encantaban estas palabras de Jesús y las usaba como el catalizador de un profundo mover del Espíritu Santo que corrió por todas las Islas Británicas. En solo seis meses de ministerio, cien mil personas llegaron a Cristo durante el avivamiento galés.[1] Cuando el Espíritu Santo viene, Dios puede cumplir más en un día de lo que podemos hacer en un año o incluso, en toda una vida.

Los líderes cristianos a lo largo de los siglos han clamado a Dios por fuego. Charles Spurgeon, quizás el predicador más citado de la historia, anhelaba el fuego. "El reino no viene y la obra flaquea. Oh, que Tú enviaras el viento y el fuego", predicó.[2] Henry Martin, misionero pionero en India e Irán, anhelaba el fuego. "Déjenme consumirme por Dios", gritó.[3] Jim Elliot, misionero pionero en Ecuador, anhelaba el fuego. "Satúrame con el aceite de tu Espíritu para que pueda estar en llamas", oró.[4] Samuel Chadwick, ministro y autor metodista lleno del Espíritu, anhelaba el fuego. "La señal de la cristiandad no es una cruz, sino una lengua de fuego", escribió.[5] William Booth, fundador del Ejército de Salvación, anhelaba el fuego. Escribió un himno: "Tú, Cristo, llama purificadora, ardiente. ¡Envía el fuego, envía el fuego, envía el fuego!" Christmas Evans, el gran líder galés, anhelaba el fuego. "El avivamiento es Dios inclinándose hacia las brasas moribundas de un fuego que está a punto de apagarse y soplando profundamente hasta que estalle en llamas", declaró.[6] Oswald Chambers, el autor inspirador, anhelaba el fuego. "El Espíritu Santo debe ungirme para la obra, enciéndeme y convénceme tan vívidamente de que tal o cual es mi manera de apuntarle a algo, o que no iré, no haré, no me atreva… nada como el fuego del Santísimo Espíritu puede hacer que la ofrenda sea santa, intachable y aceptable a sus ojos."[7] Smith Wigglesworth, el gran precursor pentecostal, anhelaba el fuego. "¡Una llama de fuego! Es un fuego perpetuo; un fuego constante, una combustión continua; una llama santa, interior; que es exactamente lo que el Hijo de Dios fue en el mundo. ¡Dios no tiene menos para nosotros que seamos llamas!"[8]

Anhelar el fuego hoy

Dios está encendiendo un nuevo clamor del corazón, por un bautismo fresco del fuego de la presencia manifiesta de Cristo en la iglesia hoy. Nada más vívido demuestra esto que las letras de nuestros compositores contemporáneos. Tim Hughes canta: "Fuego consumidor, aviva la llama de una pasión por Tu nombre".[9] El Experimento Colectivo Rend canta: "Como fuego incontrolable en nuestras mismas almas, Espíritu Santo, ven e invádenos ahora".[10] Brooke Fraser canta: "Veo al Rey de gloria viniendo sobre las nubes con fuego."[11] Jesus Culture canta: "Prende un fuego en mi alma que no pueda contener y no pueda controlar Quiero más de Ti, Dios"[12] y de nuevo, en su canción "Muéstrame Tu gloria", cantan: "Quiero caminar en Tu presencia."[13] Christy Nockels canta: "Nuestro Dios es un fuego consumidor, una llama santa ardiente, con gloria y libertad."[14] Hillsong canta: "A medida que buscamos, Tu fuego desciende, fuego desciende sobre nosotros, oramos."[15] Cuando Jeremy Riddle canta: "Sí, Espíritu, ven y llena este lugar", no está pidiendo por omnipresencia; quiere la presencia manifiesta de Cristo.[16] En su canción "Mejor es un día", Matt Redman canta: "Aquí, mi corazón está satisfecho en Tu presencia."[17]

¿Qué nivel de hambre espiritual está poniendo Dios en usted y en la familia de su iglesia?

Mientras ora por su hambre espiritual, no busque una experiencia; busque un encuentro con Cristo. ¿Cuál es la diferencia? Una experiencia pone el foco en usted; un encuentro pone el foco en Cristo. Una experiencia es algo que nos hace querer vender la leche antes de ordeñar la vaca, pero cuando buscamos un encuentro con la presencia manifiesta de Cristo, apartamos la vista de nosotros, la ponemos en Cristo y oramos porque nuestra hambre de Dios sea saciada. "Si alguien tiene sed" ¿Lo describe? Entonces, no lo complique y haga lo que dice el resto del versículo: "Venga a mí y beba" (Juan 7:37). Beber es recibir.

Ahora es su turno: Paso de acción del día 12

Cuando Jesús quería prender con el fuego a la iglesia, le dio un mandamiento y una promesa. El mandamiento era que debían reunirse, y la promesa era que recibirían. Jesús repitió la promesa en numerosas ocasiones. Así como no nos bautizamos a nosotros mismos, sino que nos metemos en el agua para que el pastor nos sumerja, Jesús es quien bautiza, o sumerge, en el Espíritu Santo. Es quien nos llena. Permítale al Espíritu Santo que lo lleve bajo la superficie con Dios. Jesús nos dio promesas para que pudiéramos creerlas, orar con base en ellas y recibir el cumplimiento de Su parte:

No se alejen de Jerusalén, sino esperen la promesa del Padre, de la cual les he hablado: Juan bautizó con agua, pero dentro de pocos días ustedes serán bautizados con el Espíritu Santo. (Hechos 1:4-5)

Pero cuando venga el Espíritu Santo sobre ustedes, recibirán poder y serán mis testigos tanto en Jerusalén como en toda Judea y Samaria, y hasta los confines de la tierra. (Hechos 1:8)

Reciban el Espíritu Santo. (Juan 20:22)

Ahora voy a enviarles lo que ha prometido mi Padre; pero ustedes quédense en la ciudad hasta que sean revestidos del poder de lo alto. (Lucas 24:49)

Tómese tiempo ahora para reelaborar estas promesas como una oración. No solo ore, reciba.

Señor Jesús, lo que me estás enseñando hoy es _____

_____

_____

_____

_____

_____

Señor Jesús, el paso de acción que tomaré es _____

_____

_____

_____

_____

_____

Día

13

SUELTE EL CONTROL

Darle la bienvenida al fuego de la presencia manifiesta de Dios suena intimidante, incluso amenazador. Me atrevería a decir que si la idea de Dios prendiendo con el fuego a su iglesia, no genera un grado saludable de temor en sus huesos, me pregunto seriamente si está entendiendo o no.

No es pura coincidencia que la gran mayoría de "no teman" en la Biblia se les hayan dicho a personas que acababan de encontrar la presencia manifiesta de Dios. Cuando Abraham se encontró con Dios en la visión en llamas, estaba petrificado. Dios estaba sacando a la superficie los problemas que Abraham tenía con el control, y le dijo: "No temas" (Génesis 15:1). Cuando Daniel se encontró con la presencia manifiesta de Dios y el ángel fornido, se sentía abrumado. Dios lo tranquilizó al decirle: "No temas" (Daniel 10:12). Cuando el apóstol Juan se encontró la presencia manifiesta del Cristo exaltado, no estaba seguro de si resistiría el encuentro o no. Dios le dijo: "No temas" (Apocalipsis 1:17).

Toda clase de pensamientos aterradores corren por nuestra mente cuando consideramos darle la bienvenida al fuego en nuestra iglesia. *¿Qué pasaría si las cosas se salen de las manos?*

¿Y si las personas se entusiasman? ¿Y si las cosas se desordenan? ¿Qué pasaría si las personas se salen y dejan mi iglesia?

Algunos de nosotros le tenemos tanto miedo al fuego falso, a fallar o a que se produzca un efecto indeseado que cuando las cosas empiezan a calentarse, entramos en pánico e instintivamente, vamos en busca del extintor de fuego. Uno de mis amigos, el admirado pastor Erwin McManus expone nuestro instinto controlador cuando escribe: "A veces, olvidamos que Dios es fuego. Lo confundimos con las chimeneas y los fuegos artificiales."[1] Cuando intentamos contener el fuego de Dios en una chimenea, claramente tenemos un problema de control.

La pregunta en su iglesia es, ¿el Espíritu Santo los controla, o ustedes controlan al Espíritu Santo? No puede darle la bienvenida con todo el corazón al fuego sin ceder el control. Si de verdad quiere que el Espíritu Santo tome el control, necesita dárselo.

¿Qué tan grande es su iglesia?

Muchos de ustedes se están preguntando: *¿Puedo confiar en Dios lo suficiente como para darle la libertad de manifestarse en mi iglesia a pesar de lo que parece? ¿Estoy dispuesto a ceder el control de mi iglesia a Cristo? O, debido a mi temor al fuego, ¿voy a retener el control?* Éstas son preguntas fundamentales, y usted necesita entender qué está en juego cuando las enfrenta.

Mientras se toma tiempo para reflexionar sobre estas preguntas minuciosas, tenga esto en mente: si conserva su iglesia, ésta nunca llegará a ser más grande de lo que usted es. Usted siempre limitará su potencial. Si, por otro lado, le cede el control al Espíritu Santo, no hay límite para el tamaño y el potencial de su iglesia.

Dios me ha dicho en numerosas ocasiones que a menos que le dé el control, mi iglesia nunca será más grande que yo. Pero en el momento en que cedo el control, el tamaño, la influencia y el alcance de la iglesia no tienen límites.

A menudo, las personas preguntan: "Ya que el dominio propio es el fruto del Espíritu Santo (Gálatas 5:23), ¿cómo puede ser malo el espíritu de control? ¿No son la misma cosa?" No. El espíritu de control y el fruto del Espíritu Santo, que es el dominio propio, son en realidad dos opuestos exactos. No estamos confrontando el fruto del Espíritu Santo, sino al pecado de la obstinación continua que está detrás del espíritu de control. Un espíritu controlador en una iglesia puede destruirla y limitar la actividad del Espíritu Santo de manera peligrosa. Hasta que no cedamos el control, no podremos ser verdaderamente llenos con el Espíritu Santo ni estar bajo Su influencia y control. Ser lleno del Espíritu Santo es estar controlado por Él.

El espíritu de control evita que muchas iglesias experimenten la presencia manifiesta de Cristo, más que todo el debate sobre la pneumatología, es decir, la teología del Espíritu Santo. La mayoría de líderes de iglesia construye una pneumatología para adaptarla a sus problemas de control.

Dios nunca le dijo a alguien que controlara la iglesia. Liderar, pastorear y edificar la iglesia, sí. Todas éstas se aprueban. Pero controlar, no. El espíritu de control es pura y simple brujería.[2]

Controlar es lo que hacemos en ausencia de la presencia manifiesta de Cristo. Como líderes, cuando sentimos intuitivamente el vacío del control de Dios, intentamos llenarlo con algo que inventamos. En ocasiones, incluso los miembros de nuestra iglesia nos verán controlar la iglesia cuando sienten el vacío del control del Espíritu Santo. Como líderes, debemos resistir la tentación de controlar, o jamás seremos capaces de darle la bienvenida a la presencia manifiesta de Cristo. Cuando lo hagamos, recibiremos poder para echar al espíritu de control.

Cuando Dios le preguntó a Moisés: "¿Qué tienes en la mano?" (Éxodo 4:2), estaba confrontándolo con sus problemas de control. Enfréntelo. Moisés tenía problemas de control. Al comienzo de su vida, cuando golpeó y mató a un egipcio, uno de sus problemas era el control. Al final de su vida, cuando golpeó la piedra en vez de hablarle, como Dios le había pedido, no fue apto para entrar a la Tierra Prometida, y su problema de nuevo fue el control. Para que Dios obrara poderosamente a través de Moisés, necesitaba aumentar el control. Éste es un problema con el que Dios confronta a todos Sus líderes. Mientras Moisés agarrara la vara, ésta nunca sería más grande que él. Tan pronto como la tiró, la vara estuvo fuera de su control y bajo el control e influencia del Espíritu Santo. Mediante ese pedazo de madera, Dios haría milagros.

Ahora es su turno: Paso de acción del día 13

Tómese tiempo para escribir una promesa o pacto a Dios de "ceder el control". No precipite el proceso. Hágalo tan exhaustivo como sea posible. Pídale al Espíritu Santo que le muestre varios parámetros de control en su vida —su familia, sus pensamientos, sus hábitos, su uso del tiempo, su uso del dinero, su trabajo, su trayectoria profesional— y que le muestre cualquier problema de control que pueda tener con ellos. Imprima su pacto. Escriba la fecha. Fírmelo. Léaselo en voz alta a Dios. Permita que algunos amigos de confianza lo lean y lo firmen conjuntamente. Revíselo periódicamente y vuélvalo a leer.

Señor Jesús, lo que me estás enseñando hoy es _____

_____

_____

_____

_____

_____

Señor Jesús, el paso de acción que tomaré es _____

_____

_____

_____

_____

_____

RECIBAN COLECTIVAMENTE

Una *Iglesia en Fuego* es una iglesia que encuentra la presencia manifiesta de Cristo, porque es una iglesia llena con el Espíritu Santo.

Así como Dios quiere que cada creyente no solo sea salvo, sino que sepa que lo es, también quiere que cada creyente sea lleno con el Espíritu Santo y sepa que está lleno con el Espíritu Santo. De la misma manera, Dios quiere que cada iglesia local no solo sea llena del Espíritu Santo, sino que sepa que está llena. Mi generación cometió el trágico error de privatizar la oración en detrimento del modelo bíblico de la oración colectiva, y privatizamos también la llenura del Espíritu Santo en detrimento del modelo bíblico de la llenura colectiva del Espíritu Santo. Sabemos que Dios llena individuos, pero necesitamos redescubrir la gloriosa realidad de la llenura colectiva del Espíritu Santo.

El modelo bíblico

Cuando Jesús les dijo por primera vez a sus discípulos del aposento alto: "Reciban al Espíritu Santo" (Juan 20:22), les dijo que lo recibieran colectivamente.

Cuando los envió al aposento alto para ser llenos con el Espíritu Santo, los envió colectivamente, a todos los ciento veinte (Hechos 1:15).

Cuando derramó su Espíritu Santo en ellos, los llenó colectivamente (Hechos 2:3). Cuando Pablo exhortó a la iglesia en Éfeso: "No se emborrachen con vino, que lleva al desenfreno. Al contrario, sean llenos del Espíritu" (Efesios 5:18), los exhortó colectivamente.

Aunque desde luego es apropiado que seamos llenos a nivel individual, no cabe duda de que el modelo bíblico de ser lleno con el Espíritu Santo es ser llenos colectivamente como un cuerpo eclesial. Entonces, ¿a qué le tenemos miedo? ¿Por qué negarles a las personas la esencia misma para la que fue creada la Iglesia?

Saber con certeza

Cuando la primera iglesia fue llena con el Espíritu Santo en Pentecostés, no hubo duda de lo que había acabado de suceder —todos fueron llenos, y cada uno lo supo (Hechos 2:3-4). Meses después, luego de la liberación de Pedro y Juan de prisión, cuando los creyentes se reunieron para orar, una vez más "todos fueron llenos del Espíritu Santo" (Hechos 4:31), y todos lo supieron con certeza.

Pablo les presentó el Espíritu Santo a los creyentes efesios. "Les impuso las manos, el Espíritu Santo vino sobre ellos, y empezaron a hablar en lenguas y a profetizar" (Hechos 19:6). No hubo duda en sus mentes de que habían recibido el Espíritu Santo.

Cuando el conde Nicolás Ludwin von Zinzendorf reunió a ciento veinte de sus compañeros alemanes de oración en una reunión tipo aposento alto en agosto 13 de 1727, todos fueron llenos o bautizados en el Espíritu Santo. "Ciertamente, todo el lugar fue una morada auténtica de Dios con los hombres", escribió Zinzendorf, refiriéndose a este evento como su Pentecostés.[1] No hubo duda en sus mentes de que todos habían sido llenos con el Espíritu Santo.

William J. Seymour, el gran evangelista itinerante de la calle Azusa, guio a su grupo para ser lleno del Espíritu Santo. De 1906 a 1914, mantuvieron una llenura constante del Espíritu Santo, durante los cuales su número creció de cinco mil a cincuenta mil y enviaron misioneros a África, Islandia y China, y tradujeron su literatura a treinta lenguas diferentes. En esos ocho años, crecieron de ser un grupo pequeño en el sur de California a tener iglesias en cada ciudad de Estados Unidos que tenía una población de tres mil personas o más. Hoy, solo ciento y algo de años después, ochocientos mil creyentes alrededor del mundo son parte de este gran movimiento pentecostal.[2]

Calentamiento en Chile

Prediqué hace varios años en Concepción, Chile, y guie a quienes estaban reunidos, a recibir la llenura del Espíritu Santo. Nunca olvidaré esa noche. Mientras predicaba, la congregación entera de varios cientos de personas empezó a gemir con un profundo anhelo del alma. Un llanto colectivo empezó sutilmente y se hizo más y más notable. Mientras repetía las cuatro palabras de Cristo en el aposento alto a Sus discípulos (Juan 20:22). Antes de que pudiera terminar, muchos estaban de pie corriendo al frente, bajo tal convicción que parecía que sus vidas dependieran de recibir el Espíritu de Dios allí mismo. Estaban hambrientos por recibir la llenura del Espíritu Santo. Respondieron colectivamente y Dios los satisfizo a nivel colectivo. Esa noche, esa congregación fue llena del anhelo del Espíritu de forma clara. No hubo duda de qué habían recibido.

Cada vez que Dios derrama Su Espíritu Santo en una iglesia local, ésta se verá diferente. Dios es un Dios creativo con diversidad ilimitada. Siempre sabe qué está bien para cada grupo de creyentes. No es nuestra responsabilidad determinar cómo se manifestará, simplemente, es nuestra responsabilidad darle la bienvenida y libertad.

Al menos una vez al año, guío a nuestra iglesia en Atlanta a clamar colectivamente por la llenura del Espíritu Santo durante una celebración de adoración dominical. A continuación, veremos a qué se parece. Siguiendo el mensaje bíblico sobre la persona y la obra del Espíritu Santo, invitamos a todas las personas a levantarse y repetir una oración similar a ésta:

Padre Celestial, estamos ante ti en el nombre del Señor Jesucristo. Cedemos el control de nuestras vidas y nuestra congregación a ti. Declaramos nuestra absoluta lealtad a Cristo, y nos presentamos —espíritu, alma y cuerpo—, bajo la autoridad de Cristo. Clamamos por recibir la plenitud del Espíritu Santo. Te damos la bienvenida a Ti y a todos Tus dones del Espíritu. Toma tú el control de nosotros. Te damos libertad para mostrar Tu presencia manifiesta en cualquier forma que escojas para que podamos recibir Tu poder a fin de ser Tus testigos aquí en nuestra ciudad y alrededor del mundo. Recibimos ahora la plenitud de Tu Espíritu Santo en el nombre del Señor Jesucristo. Amén.

Revisemos

Los elementos fundamentales de ser llenos con el Espíritu Santo a nivel colectivo son simples y bíblicos:

- *Ceder el control.* Un indicador de ser lleno del Espíritu Santo es rendirse, soltar el control de nosotros mismos y de nuestras vidas.

- *Recibir.* Tenga en cuenta que ser lleno con el Espíritu Santo es algo que no podemos hacer nosotros mismos. No es lo que hacemos; es lo que Dios hace en nosotros. Las palabras "ser lleno" (Efesios 5:18) están en voz pasiva. Demasiados creyentes piensan que están llenos con el Espíritu Santo por simplemente rendirse. No es cierto. Hasta que recibamos, no estamos llenos. No queremos asentarnos por solo pedir, queremos recibir.

- *Creer.* Asegúrese de estar lleno. Cuando esté bíblicamente lleno con el Espíritu Santo, lo sabrá con absoluta certeza. Pablo les recordó a los creyentes en Galacia este elemento de suma importancia cuando les hizo la siguiente pregunta retórica: "¿Recibieron el Espíritu por las obras que demanda la ley, o por la fe con que aceptaron el mensaje?" (Gálatas 3:2). Cada creyente en el Nuevo Testamento que fue lleno con el Espíritu Santo sabía con certeza que había sido lleno con el Espíritu

Santo. Dios quiere darle a usted y a su familia de la iglesia la misma certeza hoy.

- *Ser empoderado*. Es imposible estar lleno con el Espíritu Santo discretamente. No existe tal cosa. Cuando está lleno, Dios manifiesta Su presencia de forma sobrenatural en toda su vida y en la vida de su familia de la iglesia. Éste es el distintivo esencial de la iglesia. "Pero cuando venga el Espíritu Santo sobre ustedes, recibirán poder" (Hechos 1:8). Cuente con ello. A veces, habrá don de lenguas (Hechos 16:9). A veces, habrá fuego (Hechos 2:3). A veces, temblará la construcción en la que se reúnen (Hechos 4:31). No determinamos la manifestación; Dios lo hace. Sin embargo, tenemos la base bíblica para esperar que Cristo se puede manifestar de forma notable.

Ahora es su turno: Paso de acción del día 14

El paso de acción de hoy no es nada que cualquier persona o grupo pequeño no pueda cumplir por su cuenta. En colaboración con las personas de influencia en su iglesia y desde luego, bajo la dirección y total bendición de su pastor líder, guíe a su iglesia a tener una reunión colectiva en la que ustedes como familia de la iglesia clamen por la llenura del Espíritu Santo. Use el modelo de oración que se presentó previamente en este capítulo, o escriba su propia oración que incluya los mismos elementos bíblicos.

Sin importar el nivel de influencia que tenga en su iglesia, puede orar en la dirección de tener una iglesia de oración tipo aposento alto. Usted y otros pueden empezar a orar con base en los siguientes versículos, pidiéndole a Dios que haga hoy lo que hizo antes en la primera iglesia:

Se les aparecieron entonces unas lenguas como de fuego que se repartieron y se posaron sobre cada uno de ellos. Todos fueron llenos del Espíritu Santo y comenzaron a hablar en diferentes lenguas, según el Espíritu les concedía expresarse. (Hechos 2:3-4)

Después de haber orado, tembló el lugar en que estaban reunidos; todos fueron llenos del Espíritu Santo, y proclamaban la palabra de Dios sin temor alguno. (Hechos 4:31)

Cuando Pablo les impuso las manos, el Espíritu Santo vino sobre ellos, y empezaron a hablar en lenguas y a profetizar. (Hechos 19:6)

Señor Jesús, lo que me estás enseñando hoy es _____

_____

_____

_____

_____

_____

_____

Señor Jesús, el paso de acción que tomaré es _____

_____

_____

_____

_____

_____

_____

Día

15

MANTENGA SUS OJOS EN JESÚS

La única marca distintiva de una congregación llena del Espíritu Santo es su amor inconfundible por Jesús. Cuando una familia de la iglesia está llena con el Espíritu Santo, tanto las conversaciones casuales como las canciones de adoración tendrán como centro a Jesús. La presencia de Cristo no solo impregnará la adoración del domingo, sino también la vida familiar, los negocios, la diversión, los pasatiempos, el tiempo de ver televisión, las noches de los viernes, los deportes, la recreación, las amistades y el tiempo libre. Incluso la ruta de nuestro dinero reflejará nuestro amor y devoción por Cristo. Muéstreme una congregación llena con el Espíritu Santo y le mostraré un montón de personas que están perdidamente enamoradas de Jesús.

Primero lo primero

Cuando nosotros y los nuestros estamos llenos del Espíritu Santo, y Dios empieza a manifestarse entre nosotros, existe la tentación de alejar el enfoque de Cristo y ponerlo en las manifestaciones. En vez de explicar esta distinción, permítame ilustrarla.

Los creyentes en Jerusalén hoy pueden superar en oración a cualquier iglesia que conozco sobre la tierra. He estado en más de cuarenta naciones y he orado con miles de congregaciones diferentes, y puedo decir con honestidad que el enfoque, el celo, la urgente necesidad y la integridad de la iglesia en Jerusalén son inusuales. Estos creyentes marcan el ritmo para el resto de nosotros.

En agosto de 2013, cuando el Instituto de la Oración se reunió con los líderes de la iglesia en Belén durante un módulo de cuatro días en Tierra Santa, nuestras reuniones empezaban a las nueve de la mañana y seguían hasta las nueve de la noche, solo con un receso de noventa minutos para almuerzo y cena. Normalmente, eso ha sido más que suficiente oración, adoración, predicación y enseñanza para incluso el mejor de nosotros, pero no para ellos. Se reunían de nuevo a las diez para orar y adorar, a menudo duraba hasta las dos de la mañana. Incluso en las horas para orinar en la noche, la intensidad del celo y la adoración eran tan fuertes como si hubiera sido a primera hora en la mañana. Como si no fuera suficiente, después se levantaban a las cinco y, ¡disfrutaban de dos horas de alabanza y adoración extracurricular antes del desayuno! Nadie los obligaba a acostarse tarde ni levantarse temprano, ni les decían que debían convocar para estos tiempos adicionales de adoración. Nadie. Estaban ahí por una razón: amaban a Jesús, y tenían hambre de más de Él.

Cuando me contaron sobre este tiempo adicional de oración y adoración, inmediatamente antes de la sesión matutina en la que estaba programado para enseñar, pensé para mis adentros: *¡Deben estar exhaustos! Probablemente, se arrastra-*

rán hasta aquí tarde o tendrán poco o nada que dar hoy. ¡Serán un montón de personas soñolientas! Para mi total asombro, estaban más fervientes, con más celo e más incondicionales en la adoración ese día que nunca antes.

He aprendido mucho de los miembros de la iglesia en Jerusalén. He adorado en su edificio cerca de la Vía Dolorosa. Los he visitado en sus negocios en la Ciudad Antigua. He comido deliciosos *hummus* en sus hogares. He ido a sus escuelas y conducido sus carros. Puedo asegurarle que para ellos, adorar a Jesús no es algo que prenden y apagan, es un estilo de vida. Hablan de Jesús cuando adoran, cuando juegan, cuando hacen negocios, en sus hogares y a lo largo del día. Y todo se hace de la manera más natural y auténtica.

Lo que también necesita saber es que, prácticamente, todos los dones de manifestación están activos entre ellos. Tienen los dones del Espíritu Santo en completa operación: profecía, lenguas e interpretación, palabras de sabiduría, palabras de conocimiento, discernimiento de espíritus, milagros y fe (1 Corintios 12). Con frecuencia, tienen sueños y visiones dados por Dios y muchas sanidades milagrosas. Una noche, una querida esposa de un pastor fue sanada milagrosamente de dolores de cabeza crónicos y su pierna, que había sido más corta que la otra desde el nacimiento, fue alargada al instante. No tengo la intención de asustarlo, pero cuando estaba con ellos, alguien extendió mis manos en oración sobre un creyente, quien instantáneamente voló dos metros y medio a través de la habitación bajo el poder del Espíritu Santo (sí, esa persona estaba completamente ilesa —de hecho, ¡informó que nunca se había sentido mejor en su vida!) La razón por la que le cuento sobre estas manifestaciones del Espíritu Santo es para señalar que aunque todo este poder sobrenatural se demuestra entre ellos a diario, no se distraen por eso. Jesús es el asunto importante entre ellos, no esas manifestaciones.

La iglesia en Jerusalén disfruta de una maravillosa libertad de muchos paradigmas religiosos y culturales que otras congregaciones parecen no poder escapar. Le dan la bienvenida a la presencia manifiesta de Cristo y le dan libertad del primer siglo a Dios para manifestarse de cualquier forma que Él escoja. Debido a su receptividad, Dios puede hacer cosas poderosas entre ellos. Al mismo tiempo, mantienen lo principal como lo principal. Sorprendentemente, mantiene sus ojos en Jesús. Adoran al Dador, no a los dones. Celebrar la presencia, no los presentes.

Jesús dijo respecto al Espíritu Santo: "Él testificará acerca de mí" (Juan 15:26) y "Él me glorificará porque tomará de lo mío y se lo dará a conocer a ustedes (Juan 16:14). Me encantan las palabras del respetado maestro bíblico F.B. Meyer, quien enfatiza este importante principio:

Él es como un rayo de luz que cae sobre el Rostro Amado, así como ocurre en la fotografía, usted no piensa en la luz ni en el origen de la luz, sino en el rostro que ésta revela.[1]

En otras palabras, no glorifique el fuego; dele la gloria a Aquel que el fuego revela. Como el papel del Espíritu Santo es exaltar a Cristo en todo lo que hace, ¿quiénes somos para apartar el enfoque de Cristo y ponerlo sobre lo que hace el Espíritu Santo?

Jesús corrige a Sus discípulos

Cuando los discípulos regresaron de uno de sus viajes misioneros a corto plazo, los pillaron hablando sobre las manifestaciones que habían ocurrido. Regresaron a Jesús "chocando las cinco" y bailando alrededor del fuego, resumiendo historias de demonios que se habían manifestado de maneras inusuales y extrañas: "Cuando los setenta y dos regresaron, dijeron contentos: 'Señor, hasta los demonios se nos someten en tu nombre'" (Lucas 10:17).

Jesús compartió su gozo y regocijo: "En aquel momento Jesús, [estaba] lleno de alegría por el Espíritu Santo" (Lucas 10:21). Al mismo tiempo, corrigió el enfoque de su celebración con una amable reprensión: "Sin embargo, no se alegren de que puedan someter a los espíritus, sino alégrense de que sus nombres están escritos en el cielo" (Lucas 10:20). Les estaba diciendo a Sus discípulos: "Mantengan el enfoque en Mí, en lo que *yo* hago, no en lo que *ustedes* hacen". Enfóquense en lo que hago *en* ustedes, no en lo que hago *mediante* ustedes." Nuestro enfoque siempre es permanecer en Cristo.

Ahora es su turno: Paso de acción del día 15

No hay límite para lo que Dios puede hacer mediante nosotros a medida que le damos toda la gloria a Él.

Hoy, la semana tres llega a su fin y celebramos que vamos a mitad de camino de nuestra aventura. La tarea de hoy es simple: dar gracias. Al usar las pautas que se presentan a continuación, registre las obras específicas que Dios ha hecho en usted y a su alrededor en las vidas de otros en su familia de la iglesia desde que empezó la aventura. "La gloria, Señor, no es para nosotros; no es para nosotros sino para tu nombre" (Salmos 115:1).

Le doy la gloria a Cristo por las cosas específicas que ha hecho en mí _____

_____

_____

_____

_____

Le doy la gloria a Cristo por lo que me ha enseñado sobre Él _____

_____

_____

_____

_____

Le doy la gloria a Cristo por lo que me ha enseñado sobre mí _____

_____

_____

_____

_____

Le doy la gloria a Cristo por lo que he aprendido sobre la iglesia de Cristo _____

_____

_____

_____

_____

Señor Jesús, lo que me estás enseñando hoy es _____

_____

_____

_____

_____

_____

Señor Jesús, el paso de acción que tomaré es _____

_____

_____

_____

_____

_____

Semana 3: Preguntas para grupos pequeños

1. Anime a alguien en el grupo a leer en voz alta Hechos 2:1-15. ¿Qué le llamó la atención en este relato?

2. ¿Qué otros ejemplos en la Biblia puede recordar en los que las personas encontraron la presencia manifiesta de Dios?

3. Describa la presencia manifiesta de Dios. ¿Cuáles son algunos de los contrastes entre la presencia manifiesta y la omnipresencia de Dios?

4. Sueñe un poco. ¿Cómo se vería la plenitud de Cristo llenando su iglesia local? Sea específico.

5. ¿Por qué es tan importante darle el control a Cristo cuando está lleno con el Espíritu Santo? ¿Qué significaría para su familia de la iglesia darle la iglesia a Dios?

6. ¿Qué significa recibir la plenitud del Espíritu Santo a nivel colectivo? Como grupo, lean en voz alta la oración modelo del día catorce para recibir el Espíritu Santo a nivel colectivo. ¿Cuáles son sus reacciones ante esta oración?

7. ¿Cómo puede usted, su familia nuclear y su grupo pequeño hacer una oración como ésta para recibir la plenitud del Espíritu Santo a nivel colectivo?

8. A medida que su grupo pequeño y su familia de la iglesia reciben una mayor plenitud del Espíritu Santo, ¿qué cambios espera ver? Sea específico.

9. Defina la diferencia entre buscar una experiencia con Dios y buscar un encuentro real con Él.

10. ¿Por qué es importante mantener su enfoque en Cristo en vez de mantenerlo en las formas específicas que Él escoge para manifestarse?

Semana 3: Consejo para pastores

Esta semana, tendrá mucho que considerar. Cada día de esta semana, ha tenido las palabras "pastor guía" escritas por todas partes. No le tema al fuego, ore por su hambre de Dios, ceda el control y —la grande— ¡reciba a nivel colectivo! Si su familia de la iglesia va a recibir colectivamente, usted y su equipo de liderazgo deben ser los que guían a las personas a abrirle las puertas a Dios. Ore al respecto. Lea y vuelva a leer las promesas de Dios. No se rinda ante la presión de las personas para seguir adelante, más bien confíe en el poder del Espíritu Santo para ayudarle a renunciar al control, recibir la plenitud de Cristo y encontrarse a nivel colectivo con la presencia manifiesta de Cristo. Puede confiar en Él.

En colaboración con el equipo de liderazgo de su iglesia, considere redactar un borrador de un documento similar para toda su iglesia —una promesa con Dios del tipo "renunciamos al control de nuestra iglesia", declarando a su iglesia santa y devota a Él.

Si ha escogido recorrer esta aventura de treinta y un días a nivel colectivo, le será útil empezar a programar testimonios de uno o dos minutos en sus servicios en los que las personas hablen sobre formas específicas en las que han encontrado la presencia manifiesta de Cristo durante la aventura.

Semana

4

ENTRE AL FUEGO

Relájese. No es su trabajo prender su iglesia con fuego. De hecho, le tengo noticias: no podría prender su iglesia con fuego ni aunque su vida dependiera de ello. Puede ser su responsabilidad orar, liderar, enseñar, predicar, evangelizar, equipar, adorar y hacer discípulos, pero puede dar un gran respiro de alivio. Su lista de deberes ya es demasiado larga. No necesita agregar una cosa más. Prender su *Iglesia en Fuego* es trabajo de Dios, no suyo. Fuego no es lo que hacemos; es lo que Dios hace.

El fuego es lo que sucede cuando Dios viene a la iglesia. Fuego es la presencia manifiesta de Cristo en formas evidentes, inconfundibles, tangibles. Fuego es respuestas impresionantes a oraciones específicas; sanidades; convicciones de pecado; poder para superar malos hábitos; matrimonios reconciliados; visiones, sueños o palabras de parte de Dios; nacer de nuevo; ser liberado de un espíritu maligno; obediencia radical a Cristo y vidas transformadas. Todas esas son evidencias del fuego de la presencia manifiesta de Cristo.

Cuando trabajamos, trabajamos. Cuando oramos, Dios obra.

Día 16

AHUEQUE SUS MANOS

Me encantan los ascensos en los vuelos. Como viajero frecuente, hay pocas cosas en esta vida que disfruto más que caminar hacia el mostrador de tiquetes y que me saluden con:

—Hola, Sr. Hartley. ¡Acaba de tener un ascenso a clase ejecutiva! Les digo a mis amigos que no merezco un ascenso a clase ejecutiva, ¡pero puedo asegurarle que lo disfruto más que nadie!

Uno de mis descubrimientos favoritos como seguidor de Cristo es que el reino de Dios está lleno de ascensos. Es cierto ahora, y lo será por toda la eternidad —iremos de plenitud en plenitud, de gloria en gloria, de fortaleza en fortaleza, de bendición en bendición. Aprendí este principio del reino de Dios que transforma vidas con mi hermosa familia de la iglesia en Atlanta.

No quiero ahuecar mis manos

Cuando llegué a Atlanta por primera vez, me sentí abrumado ante el desafío de pastorear una iglesia influyente con una historia tan fabulosa. Era bien consciente del hecho de que no tenía en mí todo lo necesario para ser exitoso. Mientras oraba y buscaba al Señor para tener Su bendición, Él me seguía diciendo:

—Ahueca las manos —sin importar dónde estuviera, Dios decía la misma cosa—, ahueca las manos.

Al comienzo, extendí obedientemente mis manos frente a mí y levanté mis palmas vacías hacia el Señor como si estuviera a punto de recibir un regalo. Cuando me encontraba con el Señor a solas, temprano cada mañana al comenzar el día, o en la oración del grupo pequeño de hombres cada martes, o en la reunión de oración con toda la iglesia los miércoles en la noche, o en el grupo de oración de los pastores de Atlanta cada jueves en la mañana, o durante la adoración matutina del domingo, o con mi esposa e hijos en la oración familiar en la cena, el Espíritu Santo siempre me decía:

—Ahueca tus manos.

Al comienzo, parecía que aumentaba mi fe y mi nivel de expectativa, pero en realidad no lo entendía. *¿Por qué debo ahuecar mis manos?* me preguntaba. Después de meses de ahuecar mis manos, aunque ahora detesto admitirlo, empezó a molestarme. Dios nunca dejaba de hablar. Era molesto. A veces, intentaba discutir con Él:

—No quiero ahuecar mis manos. No siento ganas de ahuecar mis manos.

— ¿Estás orando para recibir? —respondía pacientemente.

—Sí, Señor.

—Entonces, ahueca tus manos —respondía.

Después, me mostraba un hilo que atraviesa la Biblia entera. Es el principio de recibir: "No se emborrachen con vino, que lleva al desenfreno. Al contrario, sean llenos del Espíritu" (Efesios 5:18).

El mandamiento de "ser lleno" es una oración imperativa pasiva en presente. "Ser lleno" podría traducirse más exactamente como "ser lleno en este momento" o incluso mejor todavía, "estar en un estado continuo de recibir una llenura continua, perpetua". Significa que nunca dejamos de estar llenos con el Espíritu Santo. Para decirlo de otra manera, nunca dejamos de ahuecar nuestras manos y nunca dejamos de recibir.

El hecho es que Jesús les enseñó a Sus discípulos a esperar siempre más: "Muchas cosas me quedan aún por decirles, que por ahora no podrían soportar (Juan 16:12). Jesús nos dijo que pidiéramos más: "Pues si ustedes, aun siendo malos, saben dar cosas buenas a sus hijos, ¡cuánto más el Padre celestial dará el Espíritu Santo a quienes se lo pidan!" (Lucas 11:13). Solo piense en todas las categorías de bendiciones a las que tenemos más y más acceso:

- Más gracia (Romanos 5:20) *Mientras más pecaban, más abundaba la gracia de Dios.*
- Más gloria (2 Co. 3:18) *Nos quitó el velo y reflejamos la gloria de Dios.*
- Más honor (Hebreos 3:3) *Cristo construyó una casa para mí, para su honra*
- Más amor (Filipenses 1:9) *Oración para que mi amor abunde cada vez más en el conocimiento*
- Más fruto (Juan 15:2) *Poda mis ramas para que den más fruto.*
- ⊙ Más gozo (Romanos 15:13) *oración para confiar en Dios y así rebosar de esperanza y gozo mediante el Espíritu*
- Más regocijo (Lucas 15:7) *hay más alegría por un pecador perdido que se arrepiente y regresa a Dios*
- Más alabanza (Salmos 71:14) *Seguiré con la esperanza de tu ayuda; te alabaré más y más.*

149

Se nos ha dado autorización no solo para recibir más y más de parte de Cristo en esta vida, sino que claramente se nos dice que recibiremos más y más en el cielo mientras seguimos de gloria en gloria con una gloria cada vez mayor (2 Corintios 3:18). La razón principal por la que Dios quiere sanar nuestros "recibidores" y empoderarnos para estar recibiendo siempre, es que siempre hay más por obtener del Señor. Dios es un Dios que le encanta revelar más y más de Sí mismo, quien nos da ascensos continuos. Tiene nuevas misericordias cada mañana para nosotros (Lamentaciones 3:22-23), nuevas canciones (Salmos 96:1), nuevo vino (Marcos 2:22), un nuevo ser (Colosenses 3:10), nuevos vestidos (Apocalipsis 7:14); de hecho, se nos dice que Él hace nuevas todas las cosas (2 Corintios 5:17; Apocalipsis 21:5).

Dios le dejó claro al liderazgo de nuestra iglesia que tenemos demasiadas reuniones de oración en Atlanta, pero necesitamos más *oraciones para recibir*. Solo tenga en cuenta cuántas veces Dios nos dice que recibamos:

Hasta ahora no han pedido nada en mi nombre. Pidan y *recibirán*, para que su alegría sea completa. (Juan 16:24)

Así que acerquémonos confiadamente al trono de la gracia para *recibir* misericordia y hallar la gracia que nos ayude en el momento que más la necesitemos. (Hebreos 4:16)

Porque todo el que pide, *recibe*. (Lucas 11:10)

Mas a cuantos lo *recibieron*, a los que creen en su nombre, les dio el derecho de ser hijos de Dios. (Juan 1:12)

A menudo, me preguntan: "¿Cuál es la clave para la salud de su iglesia en Atlanta?" Fácil. Las personas tienen afinados sus "recibidores". En el juego de fútbol americano, se le llama buen recibidor a quien tiene manos suaves —quiere decir que un recibidor puede atrapar la bola bajo circunstancias extremadamente difíciles. Dios quiere activar los receptores de cada una de nuestras congregaciones para que podamos tener manos suaves a fin de recibir a nivel colectivo todo lo que Él tiene por descargar para nosotros.

Reunir a toda la comunidad de la iglesia en Atlanta es un desafío que aún tenemos por resolver. Sin embargo, hace varios años me pidieron que dirigiera una reunión de oración de tres horas en el edificio de adoración del Ejército de Salvación, cerca de Atlanta. Nos sorprendió amablemente ver entre trescientos y quinientos pastores de toda la ciudad reunidos para orar. Después de una exuberante adoración para encontrar a Cristo, Dios nos guio a un arrepentimiento saludable y después, a una intercesión enfocada en detener el tráfico de drogas en nuestra ciudad. Nuestra maravillosa ciudad de Atlanta es uno de los centros más grandes de drogas ilegales en la Costa Oriental. Mientras orábamos, hubo un sentir profundo de que Cristo estaba escuchando y respondiendo la oración. Al día siguiente, la página principal del diario *Atlanta Journal Constitution* decía en letras grandes: "La redada de drogas más grande en la historia de Atlanta". ¡Guau! Se preguntará si Dios retiene estas oraciones a larga escala hasta que estemos listos para recibirlas juntos.

La iglesia ha desarrollado el mal hábito de conducir con los pies en los frenos. Cuando buscamos, somos demasiado cautelosos. En ningún lado, la Biblia nos advierte sobre pedir con cautela. Necesitamos quitar el pie del freno. Cuando pedimos, buscamos y golpeamos la puerta a nivel colectivo, necesitamos hacerlo sin reservas, de todo corazón.

Ahora es su turno: Paso de acción del día 16

No es su trabajo activar sus receptores o los receptores de otros que están a su alrededor, solo Dios puede hacerlo. Sin embargo, es su responsabilidad pedirle que active sus receptores y los de su familia de la iglesia. Al usar estos versículos en este capítulo como catalizadores para orar, tómese tiempo ahora mismo para pedirle a Cristo que active sus receptores y los de las personas de su entorno.

Señor Jesús, lo que me estás enseñando hoy es _____

_____

_____

_____

_____

_____

Señor Jesús, el paso de acción que tomaré es _____

_____

_____

_____

_____

_____

OIGA CON SUS OÍDOS PARA ESCUCHAR

Uno de los beneficios más emocionantes de *Iglesia en Fuego* es aprender a escuchar la voz del Espíritu Santo. Prácticamente, todos los dones de manifestación enumerados en 1 Corintios 12 tienen que ver con Dios hablándonos y manifestándonos Su presencia de formas dinámicas. Es fundamental que cada uno de nosotros pueda discernir una palabra fresca de parte del Espíritu Santo y discernir Su voz.

Cinco minutos antes de escribir sobre este tema en este libro, recibí una llamada telefónica de un pastor amigo que no había visto en años.

—Fred, solo llamaba para decirte que ahora mismo le estoy prestando más atención al Espíritu Santo que en cualquier otro momento de mi vida.

Fue emocionante escucharlo compartir su historia con tanto entusiasmo. Lo que Dios está haciendo en la vida de este pastor debería ser la norma para todos nosotros.

Visita a James y a Ann

Un sábado, el Espíritu Santo me habló muy claramente:

—Visita a James y a Ann McKnight.

Estaba en la iglesia trabajando en mi sermón, entonces intenté ignorarlo. Había sido una semana pesada y mi mensaje para la mañana del domingo, que normalmente habría estado listo el miércoles o jueves, aún estaba sin preparar. Mi tiempo de estudio se estaba haciendo eterno. Entre más intentaba, más me costaba. Mi esposa y los niños estaban en casa preguntándose por qué no estaba con ellos y, ¡ahora Dios le agregaba algo más a mi carga!

De nuevo, me dijo:

—Visita a James y a Ann McKnight.

En ese momento, pensé que tenía una respuesta mejor:

—¿No puedes ver que estoy ocupado, Señor? —le dije, pero eso no ayudó.

Sin inmutarse ante mi apelación, me dijo de nuevo:

—Visita a James y a Ann McKnight.

Tomé el teléfono e intenté llamar a James y a Ann, pero la línea estaba ocupada.

—¿Ves, Señor? Deben estar ocupados —discutí.

—No dije que los llamaras —dijo enfáticamente—. Te dije que visites a James y a Ann McKnight.

Al darme cuenta de que de todos modos no estaba haciendo mucho respecto al sermón y que Dios debía tener una buena razón para darme Sus instrucciones, tomé mi carro y conduje hasta la casa de los McKnight.

Ann estaba de pie en la entrada consternada, agitando sus brazos de un lado al otro.

—Oh, pastor, ¡qué bueno que está aquí!

Me explicó que James se acababa de caer por las escaleras y se había golpeado la cabeza gravemente. Estaba en la entrada esperando la ambulancia. La unidad de rescate llegó en minutos y declaró muerto a James debido a un paro cardiaco masivo.

—Pastor, Dios lo envió aquí para estar conmigo en este momento —declaró en su estado de conmoción. Lo necesitaba a usted más que a nadie —nunca olvidaré esas palabras. Después, me preguntó—, ¿cómo supo que debía venir?

Quise decirle: Dios tiene mi número...

La clave para seguir a Cristo es escuchar Su voz. Jesús lo dejó muy claro: "Va delante de ellas, y las ovejas lo siguen porque reconocen su voz" (Juan 10:4). Las personas que son buenas escuchando forman a los mejores seguidores.

Cada año en Escocia, hay un concurso de perros pastores en el que separan las ovejas en corrales separados. Los perros solo responden al sonido del silbido de su dueño, y el que reúna a las ovejas en corrales más rápido, gana. El año pasado, le preguntaron al dueño del perro ganador por qué había ganado su perro.

—Es muy sencillo —explicó—, mi perro es el que mejor escucha.

Pablo dice: "Porque todos los que son guiados por el Espíritu de Dios son hijos de Dios" (Romanos 8:14). Todos tenemos la capacidad de escuchar y seguir la voz y el liderazgo del Espíritu Santo. Por esta razón, se nos dice, "Si el Espíritu nos da vida, andemos guiados por el Espíritu" (Gálatas 5:25).

Cuando Pablo estaba en el aposento alto con sus compañeros de oración y profetas en Antioquía, todos escucharon lo mismo: "Apártenme ahora a Bernabé y a Saulo para el trabajo al que los he llamado" (Hechos 13:2). Cristo dio un único mensaje a cada una de las siete iglesias en el libro de Apocalipsis, pero hay una y solo una declaración que le hace a todas: "El que tenga oídos, que oiga lo que el Espíritu dice a las iglesias (Apocalipsis 2:7, 11, 17, 29; 3:6, 13, 22).

Note que a cada iglesia se le exhorta a escuchar, reconocer y obedecer la voz del Espíritu Santo. ¿Por qué Jesús daría este único mandamiento a cada iglesia si no fuera de preeminente importancia para la iglesia hoy? Estas palabras aplican para cada iglesia a lo largo del tiempo. Algunos rasgos de las iglesias individuales pueden cambiar, pero una constante universal es la capacidad de cada cristiano y de cada congregación de escuchar la voz del Espíritu Santo. Por esta razón, el escritor del libro de Hebreos dice varias veces, "Si ustedes oyen hoy su voz, no endurezcan el corazón como sucedió en la rebelión, en aquel día de prueba en el desierto" (Hebreos 3:7-8, 15; 4:7).

Algunos han discutido acerca del principio bíblico de escuchar al Espíritu Santo hoy. Sugieren que la formación completa de la Biblia impidió que el Espíritu Santo le hablara a la iglesia de una forma distinta a la Palabra escrita. La Biblia es, desde luego, la única revelación completa y la autoridad absoluta por la cual juzgamos cada palabra distinta de parte de Dios. Como solía decir el gran expositor bíblico, el Dr. Lloyd-Jones: "La Biblia no fue dada para reemplazar la revelación directa; fue dada para corregir abusos".[1]

El apóstol Pablo dijo precisamente lo mismo en 1 Corintios 12 y 14. La iglesia en Corinto era activa en los dones de manifestación —algunos incluso dirían que era hiperactiva. Algunos de sus miembros ejercitaban los dones de manifestación legítimos y otros, los ilegítimos. Algunos decían, "Jesús es el Señor" y algunos, por impensable que sea, decían, "Jesús sea maldito" (1 Corintios 12:3). Por supuesto, el último grupo necesitaba ser confrontado como ilegítimo, y lo era. El hecho de que algunos dones se falsificaran en la iglesia en Corinto no desacreditaba los dones legítimos. El apóstol Pablo nunca tiró el bebé junto con el agua del baño. Que hubiera dones falsificados validaba el hecho de que también había dones genuinos.

Ahora es su turno: Paso de acción del día 17

Dios siempre está hablando y le encanta activar nuestra capacidad de escucha. Tómese tres minutos ahora mismo y lea 1 Samuel 13. ¿Qué aprende de Samuel en cuanto a escuchar la voz de Dios? En su diario de Dios, asegúrese de escribir qué le escucha decir a Dios y dónde lo ve obrar. Use la oración de Samuel mientras ora ahora: "Habla, Señor que tu siervo escucha."

Señor Jesús, lo que me estás enseñando hoy es _____

_____

_____

_____

_____

_____

_____

Señor Jesús, el paso de acción que tomaré es _____

_____

_____

_____

_____

_____

_____

Día 18

UTILICE LOS DONES

Cuando nuestra familia de la iglesia aprende a reconocer la presencia manifiesta de Cristo, Dios manifestará más y más de Su presencia en nosotros. Lo hace principalmente mediante lo que se conoce como los dones de manifestación (1 Corintios 12, 14).

Como vimos en el día diecisiete, cuando Pablo y Bernabé se reunieron con otros para ministrar al Señor, el Espíritu Santo les dijo, "Apártenme ahora a Bernabé y a Saulo para el trabajo al que los he llamado" (Hechos 13:2). Puede estar preguntándose: *¿Cómo les dijo esto el Espíritu Santo a todos ellos?* Y, *¿cómo supieron que era la voz del Espíritu Santo?* Sin duda, Dios activó uno o más de los dones proféticos de palabra de conocimiento, palabra de sabiduría, profecía, lenguas o interpretación. Las Escrituras no nos dicen qué dones se usaron; todo lo que sabemos es que Dios habló a estos discípulos del aposento alto por el Espíritu Santo.

La reunión desorganizada más organizada de todos los tiempos

Estaba sentado en un lugar lleno de pastores africanos, francoparlantes, donde yo debía dirigir un módulo del Instituto de la Oración. La habitación estaba llena de oración alegre que exaltaba a Cristo, y la presencia de Dios era bastante evidente. Rápidamente, mi intérprete me ofreció una traducción consecutiva de toda la oración que exaltaba a Cristo desde cada esquina de la habitación. La oración seguía en el lugar, pero cuando mi traductor dejó de traducir, mi hijo Stephen, quien estaba sentado a mi lado, me susurró al oído:

— ¿Es lo que creo que es?

—No sé —le susurré—. ¿Qué crees que es?

— ¿Son lenguas? —preguntó.

Tenía razón.

Cuando terminó el mensaje en lenguas, me levanté y pedí una interpretación. Después de un momento de silencio, la interpretación vino con tal convicción demoledora que todos los pastores cayeron sobre sus rostros en arrepentimiento. Hombres y mujeres empezaron a sollozar en arrepentimiento mientras clamaban a Dios por perdón. Después de dos horas enteras de arrepentimiento continuo, siguió una ola de varios mensajes en lenguas e interpretación, no se parecía a nada que hubiera visto antes. El Espíritu Santo estaba en control. No necesité dirigir nada. Ya no necesitaba pedir interpretación. El Espíritu Santo estaba en control, y facilitaba la activación de los dones proféticos más rápido, de forma más efectiva y con un tono más alentador de lo que yo podría haberlo hecho.

—Me han abandonado —decía una lengua y su interpretación.

—Pero no los he dejado —replicaba la siguiente lengua y su interpretación.

Un mensaje era hiriente y el siguiente era sanador. La espada de dos filos de Dios estaba activa en la habitación. Era la reunión desorganizada más organizada que he visto. Era una demostración poderosa de la mano danzante, coreográfica del Espíritu Santo.

La reunión de oración para encontrarnos con Dios a nivel colectivo en mi iglesia se llama El Río. Nos gusta el nombre porque es una imagen bíblica intrigante de vida, libertad y movimiento, y al mismo tiempo, remueve el equipaje y las asociaciones innecesarias y a veces, inútiles que vienen con el nombre "reunión de oración". Siguiendo la adoración y la oración que exalta a Cristo en una de nuestras reuniones, una mujer habló en una lengua desconocida. Nuestra congregación está conformada por miembros de cincuenta y cuatro naciones del mundo, y como animamos a todas las personas a orar en la lengua de su corazón, no siempre reconozco de inmediato la oración que se hace en otro idioma como una lengua. Sin embargo, esta lengua particular era bastante única, y discerní enseguida que ése era un mensaje diferente. Tan pronto como la persona terminó, me levanté y les pedí a todos que permanecieran en silencio y esperaran a que se diera la interpretación. En unos instantes, la interpretación vino.

Me tomó tiempo después de la interpretación para intercambiar impresiones sobre la experiencia, ratificar a la persona y señalar por qué estaba convencido de que la palabra era un mensaje legítimo de parte de Dios. Otros líderes de iglesia afirmaron la precisión de la lengua. Nadie se asustó.

A nadie le dio urticaria ni cayó muerto. Fue un maravilloso uso del don y fue recibido como parte natural de la noche y no como una distracción. Le añadió a nuestra noche en la que nos encontramos con Dios; no se convirtió en un fin en sí mismo. Este mensaje en lenguas no solo confirmó muchas otras oraciones que habían hecho esa noche, sino que aumentó nuestra fe a medida que seguíamos encontrando a Cristo.

Descubrir los dones

Hay tres grupos de dones espirituales distintivamente diferentes que se mencionan en la Biblia:

- *Los dones motivadores de Romanos 12:6-8*. Este grupo de siete dones motivadores —profecía, servicio, enseñanza, consolación, dar con generosidad, liderazgo y misericordia—, se les dan a los cristianos para edificar las relaciones con sus hermanos. Cada creyente en Cristo tiene uno o más de estos dones como una posesión permanente, y las iglesias locales se fortalecen cuando se usan.

- *Los dones que equipan de Efesios 4:11*. Este grupo de cinco dones, o roles, de los líderes de la iglesia individual —apóstol, profeta, evangelista, pastor y maestro—, son útiles para equipar al resto de la iglesia para la obra del ministerio. Estos dones no son posesión permanente del líder cristiano, sino que definen con más exactitud el papel principal que cumple el líder. Podemos llamarlos dones que equipan porque las Escrituras dicen explícitamente que están para "capacitar al pueblo de Dios para la obra de servicio" (Efesios 4:12).

* *Los dones de manifestación de 1 Corintios 12 y 14.* Este grupo de nueve dones —palabra de sabiduría, palabra de conocimiento, fe, sanidad, milagros, profecía, discernimiento de espíritus, lenguas e interpretación de lenguas— se distribuye en ocasiones en varios miembros de la iglesia para manifestar la presencia milagrosa de Cristo a los creyentes. Los dones de manifestación no parecen ser la posesión permanente de un creyente individual, sino más bien, son dones que se manifiestan mediante diferentes creyentes en diferentes ocasiones: "A cada uno se le da una manifestación especial del Espíritu para el bien de los demás (1 Corintios 12:7).

La palabra "manifestación" viene del griego *phanerosis,* que significa "revelar a plena vista o manifestar". Los dones de manifestación siempre se activan en la familia de la iglesia con el único propósito de manifestar la presencia de Cristo entre Su pueblo. Todos los dones edifican el cuerpo y desde luego, en este sentido, todos los dones son para exaltar a Cristo. Sin embargo, no todos los dones manifiestan visiblemente la presencia de Cristo en la reunión de la iglesia colectiva tan evidente como estos nueve dones de manifestación. Por esta razón, el apóstol Pablo aclara su funcionamiento: "Pero si uno que no cree o uno que no entiende entra cuando todos están profetizando, se sentirá reprendido y juzgado por todos, y los secretos de su corazón quedarán al descubierto. Así que se postrará ante Dios y lo adorará, exclamando: '¡Realmente Dios está entre ustedes!'" (1

Corintios 14:24-25). Cuando los no creyentes caen y claman, "¡Realmente Dios está entre ustedes!", podemos tener la certeza de que hemos encontrado la presencia manifiesta de Cristo.

En nuestra iglesia, hemos descubierto muchos beneficios prácticos de los dones de manifestación cuando funcionan apropiadamente. Aunque nos consideramos novatos y tenemos mucho que aprender sobre la función de estos dones, hay unas cuantas sugerencias prácticas para su uso:

- Durante nuestras reuniones de oración colectivas, cuando alguien expresa una necesidad, todos se animan a mantenerse al tanto y enfocar su oración sobre ese único asunto, en vez de saltar de tema en tema. La oración colectiva funciona mejor cuando hay continuidad de un tema específico.

- Les pedimos a las personas que se reúnan físicamente alrededor de la persona en necesidad. Parece que los dones de manifestación funcionan más efectivamente cuando hay proximidad con la persona en necesidad.

- Hemos descubierto que mientras estamos orando, Dios a menudo se comunica mediante un versículo bíblico o una imagen. Animamos a las personas a sentirse libres de decir, "Veo una imagen de _____." ¿Esto tiene sentido para usted?

También hemos aprendido cuando se usan los dones de manifestación que hay una clara distinción entre una palabra inicial de revelación de parte de Dios y la interpretación y aplicación que sigue. La palabra inicial de revelación de parte de Dios puede darse mediante un don profético como una palabra de conocimiento, profecía o una imagen, visión o sueño. La interpretación transmite el significado de la palabra inicial o revelación. La aplicación es lo que debemos hacer con la interpretación. Un ejemplo perfecto es el sueño de Faraón que José interpretó (Génesis 41). Faraón recibió la revelación inicial; a José se le dio tanto la interpretación como la aplicación.

Solo porque usted pueda tener una palabra inicial de parte de Dios, no presuma que necesariamente tiene la interpretación o la aplicación. Todos estos dones requieren iluminación especial del Espíritu Santo. Por eso, dice: "A uno se le da el don de..." Dios quiere que la familia de la iglesia funcione en conjunto, unos con otros. A veces, es difícil para el macho alfa, el pastor tipo A, permitir que los dones de manifestación funcionen libremente. Como alguien que tiende a parecerse a esa descripción, puedo decir con honestidad que he llegado a amar y anhelar la interdependencia de los dones de manifestación. Incluso he aprendido a sentarme y permitir que otros asuman el liderazgo cuando estos dones empiezan a operar. En ocasiones, aunque puedo tener una interpretación, si me siento y espero en silencio y con paciencia a que otros pasen al frente, puedo disfrutar de ver el cuerpo de Cristo funcionar bajo la mano danzante, del Espíritu Santo. Estoy más realizado cuando otros son empoderados.

Ahora es su turno: Paso de acción del día 18

Aunque usted no es la fuente de los dones de manifestación y desde luego, no puede forzarlos, se le dice que desee seriamente los dones espirituales, especialmente que pueda profetizar (1 Corintios 14:1). Tómese tiempo ahora mismo para pedirle al Espíritu Santo que libere y active Sus dones de manifestación en su vida y dentro de su familia de la iglesia. No sea tímido. Puede confiar en Él.

¿Cómo respondería a las siguientes preguntas?

- ¿Mi familia de la iglesia está abierta a darle la bienvenida y utilizar los dones de manifestación? ¿Estoy abierto? ¿Qué necesito hacer para avanzar en esta dirección?

- ¿Nuestra reunión de oración colectiva contribuye a utilizar los dones de manifestación? ¿Qué necesito hacer para moverme en esa dirección? ¿Qué puedo hacer?

Señor Jesús, lo que me estás enseñando hoy es ————

————————————————————————

————————————————————————

————————————————————————

————————————————————————

Señor Jesús, el paso de acción que tomaré es ————

————————————————————————

————————————————————————

————————————————————————

————————————————————————

Día

19

ARREPIÉNTASE DE NUEVO

Si planea encontrar la presencia manifiesta de Cristo, también podría acostumbrarse al hecho de que necesita arrepentirse. Pero, tenga ánimo —si el Espíritu Santo lo ha guiado personalmente al arrepentimiento, entonces lo empoderará para guiar a otros al arrepentimiento. Es un principio del reino que todo lo que Cristo ha hecho en usted, puede hacerlo a través suyo. Por eso, Jesús les dijo a Sus discípulos, "Lo que ustedes recibieron gratis, denlo gratuitamente" (Mateo 10:8).

Necesitamos avanzar más allá de la mentalidad de que el arrepentimiento es una actividad del tipo "estuve ahí, lo hice, ya tengo la camiseta". El arrepentimiento es un regalo que se sigue dando. Dios nos concede el arrepentimiento porque sigue llamando al arrepentimiento. Una vez escuché decir: "Sé que me he arrepentido porque aún me estoy arrepintiendo". No sé quién dijo eso, pero me gusta. Cuando la Biblia dice, "Él tiene paciencia con ustedes, porque no quiere que nadie perezca sino que todos se arrepientan" (2 Pedro 3:9), parece que quiere decir que Dios quiere que todos vengan al arrepentimiento. Todos, quiere decir, todos, incluyendo pastores, diáconos, líderes de grupos pequeños, miembros del coro, ¡todos!

En el día tres, definimos arrepentimiento como un cambio de parecer, perspectiva, orientación y motivación completo. Sin embargo, esta definición requiere de un poco más de explicación. Es útil reconocer las tres eres fundamentales (R) que siempre acompañan el arrepentimiento de una u otra forma:

- *Reconocer el pecado*. No más hipocresía encubierta. Identifique el pecado como pecado. Expóngaselo a Dios y confiéselo específicamente.

- *Renuncie al pecado*. Rechace completamente el pecado como si escupiera leche agria.

- *Reemplace el pecado*. Es fundamental en el arrepentimiento que no solo reconozcamos y renunciemos a nuestro pecado, sino que cerremos el círculo completo y lo reemplacemos con aquello que Cristo tiene por impartirnos. Cuando Él reemplaza por completo nuestro pecado con Su vida, no regresaremos a nuestra conducta y actitudes equivocadas.

Ocho horas de arrepentimiento

Yo era el único hombre blanco en el lugar, lleno de varios de cientos de pastores y líderes africanos en Burkina Faso, pero me sentía perfectamente en casa porque Dios estaba en la habitación. Después de dar un mensaje breve, pero potente sobre el Cristo ungido, le pedí a todos que se pusieran de pie y oraran al unísono —al estilo africano—, con todos orando en voz alta y en simultáneo. El lugar estalló en oración, sonaba como el motor de un avión a reacción, y mantuvimos un nivel de decibeles seriamente alto al menos durante quince minutos. Después, pedí que todos permanecieran en silencio durante sesenta segundos con las manos levantadas ante el Cristo ungido para escuchar lo que Dios estaba diciéndole a la iglesia.

Los rostros relucían con expectativa. Algunas personas temblaban. Nadie se movió de donde estaba. Mientras seguimos orando, les ordené a todos que se sentaran en silencio y pedí que un voluntario compartiera con el grupo lo que Dios acababa de decir. Después de un tiempo de silencio respetuoso, mientras el grupo esperaba que surgiera la persona correcta, una intercesora de edad avanzada, conocida con cariño como la madre Rebeca, se movió con modestia hacia el micrófono. Sentí que podía confiar en ella.

Dio una palabra profética tan oportuna para la iglesia con un espíritu de quebrantamiento y de valor que expuso el pecado, el mal uso del dinero y la inmoralidad sexual y también, llamó al arrepentimiento. ¡Guau! Todos en el lugar, incluyéndome, estábamos impresionados por la exhortación directa y la precisión de sus palabras. Los presentes en la habitación llegaron a la durísima convicción de inmediato. Los pastores cayeron sobre sus rostros y clamaron en voz alta a Dios con oraciones de arrepentimiento, confesando pecados específicos. Algunos gritaron su oración con nerviosismo, como si fueran volcanes en erupción, cuyo fuego hubiera estado reprimido al fondo de sus estómagos durante demasiado tiempo. Confesaron cada pecado imaginable. El arrepentimiento público duró más de una hora. Nadie se quería ir, Dios estaba en la casa, y Su pueblo estaba respondiendo.

Después, pedí que compartieran otra palabra. Esta vez, noté que un hombre joven temblaba con el temor de Dios sobre él. No se atrevía a pedir el micrófono. Sus ojos estaban cerrados. Podía ver que Dios estaba sobre él, entonces le di el micrófono. Mientras lo tomaba con temblor santo, dijo una palabra muy similar a la de la primera oradora, y tuvo un impacto aún más profundo en todo el grupo. Quienes pudieron haber intentado esconderse durante la primera ola de arrepentimiento, ahora sabían que era seguro salir del escondite. También supieron que no podían esconderse más. La primera erupción había sido pequeña en comparación con la explosión cósmica que se dio en ese momento. Prácticamente, todos en la habitación estaban llorando ante un Dios santo, mientras quedaban libres con todas sus expresiones sinceras de tristeza por su pecado.

Cantaron. Elevaron oraciones. Leyeron versículos bíblicos sobre arrepentimiento. Restauración, gracia y misericordia llenaron la habitación. Antes de que supiera lo que estaba sucediendo, colocaron entre seis y ocho baldes de agua alrededor de la habitación y de manera espontánea, las personas empezaron a lavarse los pies unas a otros. Sonrisas, abrazos, danza y gozo llenaron el lugar. Este servicio de oración único duró diez horas continuas. Cuando llamé a mi esposa esa noche, le dije que sin duda, había sido uno de los mejores días de mi vida. Fue una gran degustación del cielo en la tierra. Aprendí tantos principios del reino significativos ese día.

Siempre deberíamos darle preferencia al espíritu de contrición. Cuando Dios toma parte en el arrepentimiento, el tiempo se detiene. También podríamos quitarnos los relojes y tirarlos por la ventana. Nuestra agenda se inclina ante la agenda de Dios, y el arrepentimiento es Su mejor jugada. Como el sacrificio que siempre le agrada es un corazón contrito y humillado (ver Sal. 51:17), ¿quiénes somos para levantarnos y decir, "ahora, es tiempo de pasar el plato de la ofrenda?" De ninguna manera. Siempre hay que darle paso al espíritu de contrición.

Un rol que tomo seriamente es el de guiar a las personas al arrepentimiento. He tenido el privilegio de estar en medio de una habitación llena de cientos de líderes en total y genuino arrepentimiento para encontrarse con Dios en cientos de ocasiones durante los últimos veinticinco años. Cada sesión de arrepentimiento es única y cada vez me asombro cuando veo al Espíritu Santo desmantelar mecanismos de defensa, sacar a luz problemas de raíz del pecado, derrocar fortalezas demoníacas y limpiar la casa por completo.

Adoración elevada, profundo arrepentimiento

En las iglesias de todo el mundo, los líderes del Instituto de la Oración han descubierto el principio del reino de que la profundidad del arrepentimiento se determina por la altura de nuestra adoración. Permítame decirlo diferente: hay una correspondencia directa entre la santidad de Cristo que encontramos en la adoración y el nivel de convicción con el que se expone nuestro pecado y la forma en que renunciamos a éste. Es el principio de "adoración elevada, profundo arrepentimiento."

Cuando Isaías vio al Señor en lo alto y exaltado, en poco tiempo clamó en convicción y arrepentimiento. "¡Ay de mí (...)! Soy un hombre de labios impuros y vivo en medio de un pueblo de labios blasfemos, ¡y no obstante mis ojos han visto al Rey, al Señor Todopoderoso!" (Isaías 6:5). Cuando Pedro vio la pesca milagrosa de primera mano, estaba tan quebrantado y convencido de sus propias fallas que clamó, "¡Apártate de mí, Señor; soy un pecador!" (Lucas 5:8). Cuando el apóstol Juan vio al Cristo exaltado en la isla de Patmos, cayó a los pies de su Maestro como un hombre muerto (Apocalipsis 1:9-10).

Si hay un día en el que usted y yo necesitamos guiar nuestras iglesias al arrepentimiento genuino, es hoy. Necesitamos poder ofrecerle a las personas lugares seguros en los que puedan venir limpios, de años de pecado y vergüenza ocultos. No hay un lugar más seguro que el aposento alto, la reunión de oración para encontrarse con Dios en que las personas ministran a la presencia del Señor.

Solo el Espíritu Santo puede crear un ambiente seguro, antiséptico, en el que pueda darse una cirugía de incisión profunda al alma. Cuando el Espíritu de Dios toma la espada de doble filo de la Palabra de Dios y hace una cirugía de médula ósea en el pueblo de Dios, derribando la distinción entre alma y espíritu donde los pensamientos secretos y las motivaciones escondidas de las personas se exponen concienzudamente (ver Hebreos 4:12-13) y también, lo hace de una forma segura que protege la dignidad de las personas y restaura vidas, sabemos que Dios está obrando.

Cero tolerancia

No debería sorprendernos para nada que uno de los pecados más desenfrenados que escuchamos confesar sea el pecado sexual. Como dijo el gran reformador Martín Lutero, "Nunca he conocido a un hombre [o mujer] usado por Dios poderosamente que no tenga a Jesucristo como Señor de su vida sexual".[1] Cuando somos llenos con el Espíritu Santo, Él sella "Santo para el Señor" en cada área de la vida, incluyendo nuestra sexualidad y sella "Santo para el Señor" en cada órgano de nuestro cuerpo, incluyendo nuestros órganos sexuales. Dios está llamando a los líderes cristianos de todo el mundo a adoptar una política de cero tolerancia hacia la pornografía.

Hay una correspondencia directa entre un hábito de pornografía creciente y una vida de oración reducida. Las dos prácticas son mutuamente excluyentes. Es imposible tener las dos. La pornografía es uno de los enemigos más destructivos de la iglesia en Norteamérica hoy. Sin embargo, en una época en la que el enemigo ha vomitado una horda maligna y demoniaca sobre la tierra en un esfuerzo por pervertir la santidad de la sexualidad humana, nuestro Dios está levantando un estándar de justicia contra él.

Los grupos de terapia cristiana y los grupos de apoyo, semana tras semana, reúnen hombres y mujeres cristianos adultos que caen y pierden el hábito de la pornografía, y a muchos les dicen que este patrón es normal. No es normal. Es un ciclo que necesita romperse. Pero no necesitamos consejería tanto como necesitamos arrepentimiento. Principalmente, no necesitamos apoyo, necesitamos liberación: "Porque si ustedes viven conforme a ella, morirán; pero si por medio del Espíritu dan muerte a los malos hábitos del cuerpo, vivirán" (Ro. 8:13). Note que la clave para darle muerte al pecado —incluyendo el hábito de la pornografía— es el poder del Espíritu Santo.

Santo no es el nombre del Espíritu Santo, es el atributo dominante de la tercera persona del Dios trino. Cuando el

Espíritu Santo nos llena, sella "Santo para el Señor" en cada célula de nuestro cuerpo y en cada área de nuestras vidas. "Que Dios mismo, el Dios de paz, los santifique por completo, y conserve todo su ser —espíritu, alma y cuerpo— irreprochable para la venida de nuestro Señor Jesucristo" (1 Tesalonicenses 5:23).

"Santo" puede ser una palabra difícil de entender. Lo opuesto de santo no es malvado; lo opuesto de santo es común, ordinario, genérico. Ser santo es ser especial, escogido, apartado, fuera de lo común, perteneciente a Dios. Cuando Dios nos mira y dice:

— ¡Santo! Eres santo —instantáneamente nos aparta y somos especiales en ese momento.

Cuando el Espíritu Santo nos llena y nos sella con "Santo para el Señor" en nuestros párpados, ya no vemos las cosas de la misma forma. Nuestros ojos ya no son comunes; son santos para el Señor. Cuando somos llenos con el Espíritu Santo, nos sella con "Santo para el Señor" en nuestras manos. Desde ese momento en adelante, la obra de nuestras manos no es más común; es sagrada.

Ahora es su turno: Paso de acción del día 19

Si lucha con la pornografía, lo llamo ahora mismo a arrepentirse. Le tengo buenas noticias: ¡Jesús es un Redentor y lo liberará! El pecado de la pornografía implica tres fortalezas malignas —lujuria, engaño y orgullo. Empieza como lujuria; después una persona la cubre con engaño y miente al respecto y finalmente, él o ella es demasiado orgulloso(a) para lidiar con ésta. Si necesita remover el problema de la pornografía de su vida, debe lidiar con estas fortalezas en su orden inverso. Primero, deje de lado su orgullo y humíllese. Segundo, deje de ser engañoso; exponga con honestidad su pecado y confiéselo. Tercero, Jesús romperá la raíz de la lujuria y lo hará libre. Siga el patrón vivificador de las tres R's del arrepentimiento que vimos previamente:

- *Reconozca* su pecado de pornografía. Humíllese. No más encubrimiento o hipocresía. Confiéselo a Dios.

- *Renuncie* a su pecado de pornografía.

- *Reemplace* el pecado de pornografía por pureza, libertad, justicia e integridad.

Para fortalecer su alma, memorice estos versículos que le ayudarán a ser un vencedor:

Quiero triunfar en el camino de perfección: ¿Cuándo me visitarás? Quiero conducirme en mi propia casa con integridad de corazón. No me pondré como meta nada en que haya perversidad. (Salmo 102:2-3)

El malvado huye aunque nadie lo persiga; pero el justo vive confiado como un león. (Proverbios 28:1)

Quien encubre su pecado jamás prospera; quien lo confiesa y lo deja, halla perdón. (Proverbios 28:13)

El sabio conquista la ciudad de los valientes y derriba el baluarte en que ellos confiaban. (Proverbios 21:22)

Señor Jesús, lo que me estás enseñando hoy es _____

_____

_____

_____

_____

_____

_____

Señor Jesús, el paso de acción que tomaré es _____

_____

_____

_____

_____

_____

_____

DISFRUTE DE LA VERDADERA UNIDAD

El pensamiento intimidante *Si le doy el control al Espíritu Santo y le doy la bienvenida a la presencia manifiesta de Cristo, mi iglesia puede dividirse por la mitad*, ha hecho que muchos de nosotros nos volvamos cobardes. ¡Relájese! Es una mentira. Lo opuesto es cierto: cuando le demos la bienvenida a la presencia manifiesta de Cristo, por primera conoceremos la unidad verdadera, profunda y honesta en nuestra familia de la iglesia como nunca antes.

Sea usted mismo

En una reunión de oración tipo aposento alto, somos más nosotros mismos que en ningún otro lugar sobre la tierra. No tenemos que escondernos, usar máscaras o pretender ser alguien que no somos. Toda la culpa, la vergüenza y el rechazo se van. El espíritu de control, los encubrimientos, las apariencias y la pretensión se van. Los celos amargos y la ambición egoísta son historia. No se dan codazos, no se muerde, no se patea, no se rasguña ni se pasa por encima de las personas en el aposento alto. En cambio, hay libertad, honor, respeto y sí, hay amor.

Armin Gesswein me decía con frecuencia: "Los mejores amigos que jamás tendrás son los que haces en el trono". Tenía razón. Las amistades más profundas y duraderas que hagamos son las que formamos en un ambiente de oración para encontrarnos con Dios tipo aposento alto, porque ahí es donde somos más nosotros que en cualquier otro lugar. Solo piénselo. El aposento alto es el lugar más cercano al cielo en la tierra. Cuando lleguemos al cielo, reconoceremos a más personas de las que hubiéramos soñado, porque seremos más distintos. La semejanza que nos acosa aquí en la tierra debido al temor del hombre, la inseguridad y el protocolo social ya no estarán activos ni serán relevantes en el cielo. Esa misma bendición que todos disfrutaremos por toda la eternidad se aproxima aquí en la tierra en el aposento alto.

Cuando el Instituto de la Oración organizó nuestras primeras reuniones en Niamey (Nigeria), las cuales fueron patrocinadas por la organización misionera SIM, Dios vino. Pastores que no habían hablado con otros durante años confesaron pecado, orgullo, alienación y competencia. Se dio una reconciliación profunda y significativa. Al final del módulo, los líderes misioneros de SIM dijeron:

—Hemos estado en Nigeria durante veinte años, y la iglesia se ha dividido cinco veces. El Instituto de la Oración es el primer ministerio que ha reunido a la iglesia.

Nos apresuramos a decir que no fue el Instituto de la Oración, sino la presencia manifiesta de Cristo que había reconciliado a la iglesia.

Los niños invisibles

Algunas de las heridas más profundas en toda la humanidad
están en Gulu (Uganda), el hogar de los "niños invisibles".
Una fuerza rebelde de Gulu llamada El Ejército de Resistencia del Señor (ERS), compuesto en su mayoría por la tribu
Acholi, obligaba a los niños de su tribu a asesinar a sus propias familias y los atemorizaba al obligarlos a unirse al ejército rebelde. El ERS asesinó y mutiló, no solo a su propio
pueblo, sino también a otras tribus y se hicieron odiar entre
los grupos vecinos debido a su violencia, rebelión, saqueo y
matanza despiadada de personas.

El pastor Mike Plunket, su esposa Lisa y su maravillosa
congregación en Risen King, en las afueras de Nueva York,
dirigieron un equipo del Instituto de la Oración en Gulu.
Su primer viaje misionero de una semana allí fue poderoso, pero el segundo viaje de una semana que hicieron un
año después trajo más dividendos de lo que jamás podrían
haber imaginado. Se centraron en gran parte en el perdón.
Durante una sesión memorable, a cada persona se le animó
a escribir sobre una hoja de papel los nombres de quienes
les habían causado dolor y a perdonar a cada uno de los que
estaban en la lista. Después, cada persona rompió la lista en
mil pedazos y caminó hacia delante para poner los pedazos
rotos sobre la tarima, usándola como un altar sobre el cual
ofrecer su sufrimiento y odio a Dios. Fue un momento poderoso.

Durante el tiempo de testimonio que siguió
de reconciliación estalló de forma espontánea
una mujer confesara que había odiado al grup
li porque había matado a su marido. Mient

180
ro.

de pie ante el micrófono y perdonaba públicamente a los acholi, fuertes gemidos y espeluznantes lágrimas de tristeza surgieron en todas las personas reunidas. Con mil líderes tanto de la ciudad de Gulu como de la villa tribal vecina participando, la tensión era alta.

Después de la adoración y la oración para encontrarse con Dios, Él vino con poder. En un punto, los líderes individuales de los acholi se levantaron y les pidieron perdón de corazón a quienes habían sido victimizados. En poco tiempo, un escalofriante gemido y un llanto colectivo surgieron de la multitud masiva. Luego, más de mil personas se levantaron y les pidieron perdón a sus vecinos violentos por su odio, amargura y resentimiento hacia ellos. Después de tres horas de confesión del pecado, gemidos, lamentos, lágrimas, reconciliación, aceptación, perdón y amor, el grupo inició una canción en la lengua acholi que dice:

— ¡Nos arrepentimos! ¡Nos arrepentimos!

Después, los miembros del parlamento ugandés nos dijeron:

—Jamás pensamos que viviríamos para ver este día. El Instituto de la Oración en verdad está cambiando el mundo.

De nuevo, nos apresuramos a decir que no fue el Instituto de la Oración, sino la presencia manifiesta de Cristo que está cambiando el mundo, reconciliando naciones alienadas y derramando la redención de Cristo en algunas de las heridas más profundas sobre la tierra hoy. Después de veintiún años de guerra, odio y hostilidad, Dios obró un milagro de restauración, redención y reconciliación ese día. Lágrimas corrían por los ▢tros de las personas. El Espíritu de Dios llenó el ambiente.

Fuego hostil

A medida que le da la bienvenida a la actuación y el mandato del reino de Cristo en su iglesia y en su comunidad, necesita anticipar que encontrará demonios. Sí, dije demonios. Aprendimos de la vida de Cristo que encontrarse espíritus malignos es un gaje del oficio de buscar el reino de Dios: "En cambio, si expulso a los demonios por medio del Espíritu de Dios, eso significa que el reino de Dios ha llegado a ustedes" (Mateo 12:28). Martin Lloyd-Jones confesó una profunda preocupación respecto al desconocimiento de la iglesia sobre la realidad de la actividad demoníaca: "Estoy seguro de que una de las causas principales del estado enfermo de la Iglesia hoy es el hecho de que se ha olvidado al diablo. Todo se atribuye a nosotros; nos hemos vuelto tan psicologistas en nuestra actitud y forma de pensar. Desconocemos este gran hecho objetivo: el ser, la existencia del demonio, el adversario, el acusador y de sus 'dardos ardientes'."[1]

Literalmente, podría compartir miles de historias de liberación demoníaca en Atlanta y en todo el mundo, pero ése no es el propósito de este libro. Me rehúso a permitir que los demonios nos distraigan porque sabemos que la distracción es una de sus estrategias. Como dijo C.S. Lewis: "Hay dos errores iguales y opuestos en los que nuestra raza puede caer respecto a los demonios. Uno es no creer en su existencia. El otro es creer, y sentir un interés excesivo y malsano sobre ellos".[2]

Ambos extremos son innecesarios. A medida que le damos la bienvenida a la presencia manifiesta de Cristo en nuestra iglesia, expulsaremos por necesidad a los espíritus malignos y derribaremos fortalezas satánicas. Jesús lo hizo. Pablo lo hizo. Nosotros también lo haremos. El fuego hostil de la oposición demoníaca es inevitable mientras promovemos el reino de Cristo.

Ahora mismo, en iglesias de todo el mundo en las que la presencia manifiesta de Cristo no se ha revelado en toda Su plenitud, hay demonios llenando con irreverencia el vacío. Estos demonios se llaman espíritus religiosos y progresan en las iglesias, en ausencia de la gloria de Dios. Cualquiera de nosotros está llamado a liderar una necesidad de avivamiento y reforma que suele denominarse como "la unción de Josías" para derribar ídolos, astas de Asera y lugares altos, por así decirlo, para patearle el trasero a Satanás. El apóstol Pablo sabía que una de las formas más fáciles de unir a las personas es confrontar un enemigo común: "Muy pronto el Dios de paz aplastará a Satanás bajo los pies de ustedes" (Romanos 16:20).

Por esta razón, la Biblia nos dice que nos vistamos con la armadura de Dios a nivel colectivo (Efesios 6:10-18). Cada parte de la armadura corresponde a un aspecto de Cristo mismo; entonces, cuando mi iglesia local se pone la armadura de Dios, no solo repetimos una declaración, sino que además hacemos gestos que corresponden visualmente a cada aspecto de la declaración:

Me pongo el cinturón de la verdad; Jesús es la verdad. Me pongo la coraza de la justicia; Jesús es mi justicia. Me calzo los zapatos del evangelio; Jesús es las buenas nuevas. Agarro el escudo de la fe; Jesús es el Fiel. Me pongo el casco de la salvación; Jesús es mi Salvador. Tomo la espada del Espíritu; Jesús es la Palabra de Dios. Y tomo toda la oración; Jesús es mi intercesor. Me pongo de pie estando completo en Cristo, y el maligno no puede tocarme.[3]

Ahora es su turno: Paso de acción del día 20

Como parte de declarar unidad en Cristo y solidaridad con otros creyentes, hoy es un día perfecto para que se ponga la armadura de Dios y la haga parte de su rutina diaria mientras pasa tiempo con Dios. Hágalo en familia, ¡a sus hijos les encantará! No deje su hogar sin ésta. Una vez que empieza a ponerse la armadura y a usar esta declaración con frecuencia, incluso puede que quiera hacerlo como familia de la iglesia.

Señor Jesús, lo que me estás enseñando hoy es _____

_____

_____

_____

_____

Señor Jesús, el paso de acción que tomaré es _____

_____

_____

_____

_____

Semana 4: Preguntas para grupos pequeños

1. Anime a alguien en el grupo a leer en voz alta Juan 14:15-18 y 16:5-16 en voz alta.

2. ¿Cuáles son las cuatro o cinco cosas que aprendemos de la Persona del Espíritu Santo en estos versículos?

3. ¿Cuál es el papel principal del Espíritu Santo? (Puede haber múltiples respuestas buenas.)

4. ¿Cuál es el propósito de ahuecar las manos y recibir, principio que aprendimos el día dieciséis?

5. En sus propias palabras, describa el principio del reino de Dios que habla de recibir.

6. ¿Alguna vez ha escuchado al Espíritu Santo hablándole? Comparta la experiencia.

7. ¿Cuáles son las tres variedades distintas de los dones espirituales mencionados en la Biblia? ¿Por qué nos enfocamos en los dones de manifestación?

8. ¿Qué necesitaríamos hacer de forma distinta como grupo a fin de usar mejor los dones de manifestación más habitualmente?

9. ¿Qué tiene que ver ser santo con el Espíritu Santo? ¿Cero tolerancia a la pornografía es un compromiso válido por hacer?

10. ¿Qué tiene que ver echar a Satanás con estar lleno del Espíritu Santo?

Semana 4: Consejo para pastores

Esperar sin agenda es una perspectiva saludable respecto a lo que pareciera ser la presencia manifiesta de Cristo a nivel colectivo. Aunque sabemos que es imposible estar lleno con el Espíritu Santo discretamente, no somos quiénes para determinar cómo Cristo escogerá manifestarse en nuestra iglesia. Es importante que llame a su familia de la iglesia a recibir todo lo que Cristo tiene para ellos, que no se pierdan de nada.

Si ha escogido recorrer esta aventura a nivel colectivo, le será útil escoger alguno de los líderes clave de su iglesia que haya encontrado la presencia manifiesta de Cristo en las últimas tres semanas y pedirle que comparta un testimonio de uno o dos minutos durante la adoración del domingo.

MENTOREE A LOS LÍDERES DE LA IGLESIA

Algunas personas piensan que el eje central de la civilización es Washington D.C., o el Despacho Oval de la Casa Blanca o el Capitolio en los Estados Unidos. En el país de Jordania, dicen que el eje central de la civilización es el reino Hachemita; en Irán, dicen que el Ayatola; en Rusia, el Kremlin; en Inglaterra, el Parlamento; en Europa, la Unión Europea. Sin embargo, el Nuevo Testamento nos muestra que el eje central de la civilización es el aposento alto, y funciona a partir del eje espiritual del poder, el trono de Dios mismo. El aposento alto es lo más cerca que podemos llegar al trono mientras aún estemos en la tierra.

La fortaleza y la estabilidad del aposento alto de su iglesia se basan en la actividad de Cristo en su familia de la iglesia y en particular, en los líderes de su iglesia. Por esta razón, usted querrá edificar la oración habitual en sus líderes para que se conviertan en discípulos del aposento alto. Enfocaremos nuestras energías en la semana cinco en la necesidad de entrenar, equipar y empoderar a quienes son los miembros más influyentes de su familia de la iglesia.

A medida que su iglesia se convierte en una iglesia de oración que está viva con la presencia de Cristo, usted experimentará unidad sobrenatural. La antigua idea de que cualquier influencia carismática del Espíritu Santo en su iglesia va a ser divisiva es una mentira en negrilla. La verdad es que a partir de tal influencia, su congregación estará más unificada que nunca. Por esta razón, esta semana es vital. Aunque algo del contenido de esta semana estará más dirigido a líderes-pastores que sirvan en su iglesia local, es importante que cada persona dentro de su familia de la iglesia comparta la misma visión. Sin importar cuál sea su papel en la iglesia, todos en la congregación quieren moverse en la misma dirección.

FORME UN EQUIPO DE ORACIÓN

A fin de formar eficazmente una iglesia de oración, una congregación necesita formar un equipo de oración sólido. Por supuesto, todos en la iglesia no servirán en el equipo de oración, pero desde luego, todos en la iglesia se beneficiarán del equipo de oración.

Debería ser obvio que el equipo de oración no es responsable de cumplir toda la labor de oración en nombre de la congregación; en cambio, es responsable de movilizar la oración en toda la familia de la iglesia. La primera labor de cada cristiano es orar, pero algunos creyentes tienen un llamado a orar distinto por su iglesia local y movilizar la oración.

Un equipo de oración sólido se forma a partir de un grupo principal de líderes, cada uno de los cuales tiene un corazón para orar y amar a la familia de la iglesia. Las personas con ambos llamados son necesarios para formar un equipo de oración.

Jacquie Tyre tiene ambos llamados. Es una de las mejores movilizadoras de oración que he conocido y tiene un profundo amor y lealtad hacia mí y nuestra iglesia local. La guía de Dios en ella y su familia en nuestra iglesia fue un cambio de juego. Ha llevado la oración en nuestra iglesia a un nivel totalmente nuevo mientras servía en su nivel óptimo. Dios ha expandido su territorio de influencia con el tiempo. Ha sido coordinadora estatal y regional de la Red de Oración Estratégica a nivel Nacional, y ahora es la vocera principal de CityGate Atlanta, un centro de entrenamiento enfocado en levantar a otros para cumplir con su llamado y destino.

Gran parte de donde estamos hoy como iglesia local puede atribuirse al liderazgo, unción e influencia de Jacquie desde hace veinte años. Ella tiene las virtudes y el carácter piadoso necesario para trabajar en cooperación, y con el respaldo total, del pastor líder —integridad, honestidad, honor, lealtad y confidencialidad. También conoce los peligros de cualquier forma de manipulación o chisme, y ha trabajado con diligencia para detenerlos, si alguna vez salen de la nada. Más allá de su carácter cristiano, tiene las habilidades requeridas para el liderazgo, la administración y la inteligencia relacional.

Forme su equipo de oración con cuidado. Es tan importante como poner una base sólida para el edificio físico de su iglesia. Un equipo de oración está formado por un grupo de cinco a diez personas que oran, todos aman a Jesús, anhelan Su presencia manifiesta y, preferiblemente, saben cómo ministrar los dones proféticos y de manifestación. Deben ser personas con carácter piadoso y madurez, que entiendan las líneas de autoridad y la confidencialidad y que protejan, no que debiliten, el liderazgo del pastor.

Hay dos clases de personas para formar el equipo: quienes tienen influencia con Dios y quienes tienen influencia con las personas. Los primeros necesitan ser personas que amen su iglesia y puedan expresar un llamado genuino del Espíritu Santo en sus vidas para interceder por su iglesia. Estas personas valen su peso en oro. Mientras las busca, tenga en cuenta un consejo que el Espíritu Santo me enseñó hace algunos años: *las personas de grandes logros y mucha influencia en el reino de Dios no son necesariamente los de grandes logros y mucha influencia en el reino de los hombres.* Éstas son la clase de personas que serán su fuerza de oración y no necesariamente deben tener amplia influencia con las personas, siempre y cuando tengan influencia significativa con Dios.

El segundo grupo de personas para formar su equipo de oración está compuesto de movilizadores de oración. Estos son los individuos que tienen influencia y liderazgo entre varios grupos en su familia de la iglesia. La congregación de mi iglesia es intergeneracional y multicultural, entonces seleccionamos intencionalmente personas para nuestro equipo de oración que representan la diversidad de nuestra familia de la iglesia —hombres y mujeres, jóvenes y ancianos, dueños de negocios, trabajadores y personas que ocupan puestos directivos intermedios— y representamos tantas nacionalidades como sea posible.

Las tareas de los miembros del equipo de oración de la iglesia son extensas:

- Sirven como líderes de El Río, nuestra reunión principal de oración semanal en la que toda la iglesia se encuentra con Dios.

- Sirven como líderes del equipo que ministra la oración junto con nuestros ancianos durante el tiempo de respuesta de nuestra celebración de adoración colectiva del domingo en la mañana —oran por salud, liberación, salvación de las personas y cualquier otro número de necesidades.

- Preparan parte del escudo de oración del pastor líder como compañeros y consejeros de oración personal.

- Movilizan la oración en toda nuestra iglesia para niños, jóvenes, jóvenes adultos, hombres y mujeres.

- Facilitan caminatas de oración en los vecindarios aledaños a las instalaciones de nuestra iglesia.

- Ayudan a facilitar noches de oración periódicamente durante el año.

- Oran juntos cada domingo antes de nuestra celebración de adoración, al frente y en el centro de nuestro santuario, en una reunión que llamamos Corriente ascendente —quince minutos de oración y adoración tanto con el equipo de adoración como con el de oración. Le damos la bienvenida y ministramos a la presencia del Señor mientras las personas entran.

- Lo más importante, a los miembros de nuestro equipo de oración se les asigna la responsabilidad suprema de ministrar a la presencia del Señor. Aunque esta responsabilidad nos pertenece a todos, al menos si nadie más lo hace, así como los levitas, los miembros del equipo de oración lo hacen.

¡Solo leer esta lista me hace preguntar qué haría si nuestro equipo de oración no estuviera!

Cuando viajo por todo Estados Unidos y de país en país, me encanta encontrarme con equipos de oración. En mis viajes y en mi experiencia personal, he descubierto que los intercesores sirven mucho más efectivamente como equipo. Los intercesores tipo "llanero solitario" pueden ser peligrosos. Es mucho más saludable para ellos que sirvan dentro de una comunidad, como una escuela de profetas que crecen juntos en gracia y piedad. "El don de profecía está bajo el control de los profetas" (1 Corintios 14:32).

Mientras termina el día veintiuno, usted puede estar pensando, *¿Qué tiene que ver esto conmigo? No soy parte del equipo de oración*. Buena pregunta. Como dije previamente, no todo el mundo en la iglesia servirá en el equipo de oración, pero desde luego, todos en la iglesia se beneficiarán de éste. Jesús es el autor y consumador de nuestra fe (ver He. 12:2). Por esta razón, nuestra vida de oración siempre está creciendo, nunca se estanca. Como aprendimos durante la semana uno, queremos seguir pidiendo, "Señor, enséñanos a orar". Como aprendimos en la semana cuatro, siempre queremos orar con manos ahuecadas, yendo de fortaleza en fortaleza, de gloria en gloria, de plenitud en plenitud.

Ahora, es su turno: Paso de acción del día 21

En el día nueve, usted empezó a formar su pequeño equipo de oración con quienes orar. Aunque puede que su papel no sea formar el equipo de oración de toda su iglesia, puede pedirle a Dios que facilite el proceso.

Señor Jesús, lo que me estás enseñando hoy es _____

_____

_____

_____

_____

_____

_____

Señor Jesús, el paso de acción que tomaré es _____

_____

_____

_____

_____

_____

DEJE QUE LOS NIÑOS VENGAN

Si nuestros niños no ven a Dios responder oraciones específicas de forma impresionante, los perderemos y Satanás los ganará (hágase un favor y repítase esa oración). Cuando escuché esas palabras por primera vez, sentí como si el viento me hubiera noqueado. Como padre joven de cuatro niños geniales, de repente fui introducido a un mundo totalmente nuevo que antes ni siquiera sabía que existía. El instante que escuché esta declaración, llegó a mi espíritu como una inyección. Surtió su efecto en ese momento y aún lo siento hoy.

Cuando edificamos una iglesia que ora y se encuentra con Dios, definitivamente queremos enseñarles a nuestros hijos a orar. Si no encuentran la presencia manifiesta de Cristo y desarrollan una pasión por Él en sus propios estómagos, nuestra herencia espiritual está a solo una generación de extinguirse. No podemos esperar que nuestros hijos simplemente sean buenos niños; queremos que sean hijos de Dios, lo cual quiere decir que tendrán un corazón para Dios. Y si lo tienen, necesitan degustar la presencia manifiesta de Cristo.

Nuestros hijos necesitan hacer más que simplemente aprender cómo presionar los botones correctos, saltar los charcos correctos y participar en una cristiandad exterior que no parece sincera en el interior. Necesitamos hacer más que criar buenos cristianitos cabezones que sepan cómo asentir en el momento preciso y escupir respuestas correctas en la escuela dominical. Cuando los niños vislumbren el poder sobrenatural de Cristo al cambiar una vida, sanar un matrimonio, traer sanidad física, sacar un demonio o responder oraciones específicas de forma milagrosa, nunca querrán conformarse con menos.

Dolores de cabeza

Dios obra de formas sensacionales, pero pocas veces descubrimos la realidad de Su poder que obra milagros al buscar sensacionalismo. No necesitamos crear milagros para Dios. Simplemente, necesitamos invitarlo a nuestros asuntos de todos los días.

Cuando nuestro hijo menor Andrew tenía cuatro años, estaba en casa con mamá todo el día mientras los otros estaban en la escuela. Una tarde, Sherry tuvo un terrible dolor de cabeza. Cuando no pudo contactarme para pedirme que orara por ella, le pidió a Andrew que lo hiciera. Él se sentó en el sofá a su lado, puso su manita sobre el hombro de su madre e hizo una oración sencilla. El dolor de Sherry desapareció de inmediato.

Cuando llegué a casa esa noche, Sherry estaba eufórica. Me contó cada detalle mientras Andrew y cada uno de nuestros cuatro hijos escuchaba con atención. Deberían haber visto la cara de Andrew. Supo que su Dios grande y fuerte había contestado su pequeña y sencilla oración, y obró un milagro en el cuerpo de su madre. Ese día, probó la presencia manifiesta de Cristo.

Verá, cuando Andrew tenía un año, tenía un conducto lagrimal obstruido que siempre se rompía. Los doctores nos dijeron que sería necesario meter una aguja en su ojo para destaparlo. La idea de esa aguja entrando en su globo ocular era horripilante, así que oramos por él y Dios destapó el conducto lagrimal de inmediato. Siempre le contamos a Andrew sobre este milagro. Ahora, cuando alguien en la familia o en el círculo de amigos tiene una enfermedad, Andrew cree rápidamente que Dios sana, porque lo ha experimentado de primera mano.

Señor, enséñanos a orar como niños

A medida que edificamos una iglesia de oración, queremos formar niños de oración. Tengo buenas noticias: a los niños les encanta orar. Le tengo aún mejores noticias: ¡son buenos en la oración! Cuando Jesús dijo: "Dejen que los niños vengan a mí" (Mr. 10:14), no solo les abrió la puerta a los niños, sino que también nos estaba diciendo a todos nosotros que a fin de ir a Él, necesitamos volvernos como niños pequeños.

Nuestra iglesia les enseña a los niños a orar. Cada domingo durante la iglesia infantil, que llamamos "Tiempo con Abba", pasan casi toda la hora en adoración y oración.[1] Les enseñamos cómo orar con base en las Escrituras, reconocer la voz del Espíritu Santo, recibir visiones o imágenes de parte de Dios, orar por sanidad y clamar por las naciones. Quienes trabajan con nuestros niños son muy creativos y guiados por el Espíritu Santo.

Cuando oran por la iglesia perseguida, se ponen esposas. Cuando oran por las naciones, extienden una tela de 6x9 metros con un mapa del mundo pintado. Los chicos se quitan sus zapatos y se paran sobre el país del mundo por el que están orando. Más de treinta niños pueden pararse sobre el mapa a la vez sin pisarse los dedos entre ellos.

La Biblia dice, "Cada generación celebrará tus obras y proclamará tus proezas" (Salmo 145:4). Dios quiere que cada iglesia experimente esta realidad, y lo establece como un eterno principio del reino:

> *Dejen que los niños vengan a mí, y no se lo impidan, porque el reino de Dios es de quienes son como ellos. Les aseguro que el que no reciba el reino de Dios como un niño, de ninguna manera entrará en él.* (Marcos 10:14-15)

La tragedia de demasiadas iglesias hoy es que están guiando a los niños hacia el entretenimiento, en vez de conducirlos hacia un encuentro con la presencia manifiesta de Cristo. En vez tener un ministerio de niños orientado al programa, Dios nos está llamando a regresar al ministerio de niños orientado a la presencia:

Ministerio orientado al programa	Ministerio orientado a la presencia
Enseña la Biblia	Enseña la Biblia
Ofrece entretenimiento	Facilita el encuentro
La energía es importante	El encuentro es importante
Se encuentran unos con otros	Se encuentran con Dios y unos con otros
Estimula a los niños a observar	Estimula a los niños a adorar

Es orientado a la tecnología	Utiliza la tecnología
Entretiene a los niños	Empodera a los niños
Cuida niños	Activa a nivel espiritual
Los profesores enseñan a seguir reglas	Guía a los niños a tener una relación con Dios

Un domingo antes de predicar, invité a todos los niños de quinto grado y a los más jóvenes a venir al frente para reunirse a mi alrededor y orar por mí. Fue un momento increíblemente poderoso. Al comienzo, los niños me miraron con un grado de reserva, como si dijeran, *¿En realidad vas a darnos el micrófono y permitirnos orar en voz alta frente a todos los que están en el salón?* Pero lo hice. Nunca olvidaré la oración que hizo el primer chico:

—Dios, amamos al pastor Hartley. Queremos que lo bendigas y, ¡no permitas que el diablo le robe alguna de sus cosas!

Hasta el día de hoy, pienso que obtuve más de esa oración que de muchas otras que he escuchado.

Ahora es su turno: Paso de acción del día 22

Muchos de ustedes probablemente no tienen responsabilidad y autoridad en el ministerio de niños, así que no es su papel implementar los principios expuestos en este capítulo. Sin embargo, es su privilegio orar que el Espíritu Santo venga sobre todos los niños en su familia de la iglesia. Tómese cinco minutos ahora mismo y ore que el Espíritu Santo y el reino de Dios vengan poderosamente sobre los niños en su núcleo familiar y en la familia de su iglesia.

Señor Jesús, lo que me estás enseñando hoy es _____

_____

_____

_____

_____

_____

Señor Jesús, el paso de acción que tomaré es _____

_____

_____

_____

_____

_____

Día

23

EMPODERE A LA SIGUIENTE GENERACIÓN

Si nuestros niños no ven a Dios responder oraciones específicas de forma impresionante, los perderemos y Satanás los ganará.

No se preocupe; no se devolvió al capítulo anterior. Repetimos estas palabras porque hacen parte de una declaración poderosa que se aplica tanto a nuestros estudiantes de secundaria y a los que están en edad universitaria como a nuestros niños más jóvenes.

El aposento alto está diseñado para la oración basada en la adoración que se encuentra con Dios y es intergeneracional: "Los hijos y las hijas de ustedes profetizarán, tendrán visiones los jóvenes y sueños los ancianos" (Hechos 2:17; Joel 2:28-29). ¡Es lo más intergeneracional que hay! Cuando las Escrituras dicen, "Los hijos y las hijas de ustedes profetizarán" (Hechos 2:17), quiere decir que los dones de manifestación pueden operar con la misma efectividad —incluso más efectivamente— en nuestros jóvenes adultos que en el resto de nosotros. "En esos días derramaré mi Espíritu aun sobre mis siervos y mis siervas, y profetizarán" (Hechos 2:18). Quiere decir que cualquier adulto —estudiante de secundaria, de universidad, profesional joven— puede ser tan lleno del Espíritu Santo como cualquier otro.

El Gran Avivamiento que empezó en la iglesia de Jonathan Edwards en Northhampton (Massachussets) en 1734, ¡inició entre las personas jóvenes![1] Muchos avivamientos a lo largo de la historia han empezado entre jóvenes o incluso, niños. Hay un mover poderoso del Espíritu Santo que se está dando hoy en jóvenes de todo el mundo. Dios está dándole a la siguiente generación un hambre santa, una necesidad santa y una expectativa santa.

Los jóvenes adultos quieren orar por algo más que la supervivencia. Honestamente, quieren orar por algo más que el avivamiento. Están orando por la llegada, ¡la llegada de la presencia manifiesta de Cristo! Los jóvenes adultos están hartos y cansados de la religión muerta y las tradiciones vacías. Quieren realidad. Quieren un Dios que obra, cuyo poder puede verse y sentirse. La razón por las que muchos jóvenes se están yendo de la iglesia no es debido a Jesús, sino debido a la ausencia de Jesús que ven en la iglesia. Sea que lo sepan o no, lo que quieren es la *Iglesia en Fuego, una iglesia llena del fuego del espíritu,* una iglesia rebosante de la realidad de la presencia manifiesta de Cristo.

Hace poco, pasé cuatro días con doscientos estudiantes de posgrado, cristianos, ingeniosos, de todo el mundo árabe, los más brillantes y los mejores. Son los que cambian el mundo. Tenían inmensa hambre de Dios, celo por la adoración, ansias de aprender y receptividad en la oración. Una de las mayores bendiciones de mi vida es que Dios me ha dado la oportunidad de empoderar a la siguiente generación. Él le da esta bendición a usted también en su iglesia local.

La oración es grandiosa

Cuando Dios moviliza la oración entre los jóvenes adultos, ¡tenga cuidado! Todo el cielo descenderá. Hace unos años, cuando algunos jóvenes adultos cristianos supieron que la llamativa banda de rock Kiss iba a presentarse en Glacier Dome en Traverse (Michigan), empezaron a orar. Al saber que esta banda abiertamente invocaba demonios durante su concierto, los jóvenes creyentes oraron que el concierto no se diera. Tuvieron confianza en sus oraciones. Incluso les dijeron a sus compañeros de clase que el concierto sería cancelado. Oraron detrás de escena.

La noche del concierto, miles aparecieron en Glacier Dome, incluyendo muchos cristianos que estaban orando en contra del concierto. *Coincidencialmente*, durante la presentación de la banda telonera, el equipo electrónico de veinte mil dólares, digno de la banda, explotó. Después de una hora de intentar repararlo, la multitud se fue. Esta historia demuestra vívidamente que la oración es grandiosa.[2]

El movilizador de oración Dick Eastman cuenta la historia de Mark,[3] un pastor joven en Pittsburgh, quien le notificó al Dr. Eastman en la primavera de 1986 que sentía el llamado a viajar a la Unión Soviética y orar por la caída del comunismo. Lo hizo y pasó los últimos días de su viaje en Kiev (Ucrania) antes de encontrarse con el Dr. Eastman en Polonia. Durante varios días, Mark se sentó en la plaza, en el centro de la ciudad de Kiev, bajo la estatua de Lenin, para orar que Dios usara eventos actuales a fin de sacudir el poder del gobierno soviético, de modo que las puertas se abrieran al evangelio.

El 25 de abril 1986, Mark sintió que la carga desaparecía y se fue a Polonia, convencido de que algo estaba pasando que sacudiría la Unión Soviética. Al día siguiente, los periódicos de todo el mundo decían, "Explosión de la planta de energía nuclear en Chernobyl." Los dieciocho mil millones de rublos (equivalentes a dieciocho mil millones en ese tiempo) invertidos en la contención y descontaminación del desastre nuclear prácticamente llevaron a la quiebra a la Unión Soviética.[4] El accidente también le dio ímpetu a la política glasnost de Gorbachev, estrechando las relaciones de la Unión Soviética con Estados Unidos mediante la cooperación biocientífica. Cinco años después, el 25 de diciembre de 1991, la Unión Soviética fue abolida.[5] Solo la eternidad contará el papel de las oraciones de Mark en el proceso.

Si usted es un estudiante de secundaria o de universidad, esperamos que sienta que su corazón late más rápido. Dios quiere prender su oración con el fuego. Él quiere usarle.

Si está viendo sus días de universidad por el retrovisor de la vida, Dios quiere unir sus brazos a los de la siguiente generación en el aposento alto.

Ahora es su turno: Paso de acción del día 23

Usted conoce estudiantes de secundaria y universidad a los que ama. Tómese tiempo para orar hoy por la llenura del Espíritu Santo sobre ellos con nombre propio. Declare estos versículos sobre ellos mientras ora:

Sucederá que en los últimos días —dice Dios—, derramaré mi Espíritu sobre todo el género humano. Los hijos y las hijas de ustedes profetizarán, tendrán visiones los jóvenes y sueños los ancianos. En esos días derramaré mi Espíritu aun sobre mis siervos y mis siervas, y profetizarán. (Hechos 2:17-18)

¿Qué puede hacer para animar a un joven adulto? ¿Enviar un correo electrónico? ¿Escribir una nota? ¿Adoptarlo como compañero de oración? ¿Invitar de tres a cinco de ellos para tener una relación de mentoreo en oración?

Señor Jesús, lo que me estás enseñando hoy es _____

_____

_____

_____

_____

_____

Señor Jesús, el paso de acción que tomaré es _____

_____

_____

_____

_____

_____

Día

24

ELABORE UN ESCUDO DE ORACIÓN

Si es pastor o una persona de negocios, pensionado o estudiante, Dios quiere que tenga un escudo de oración, un equipo de compañeros de oración que sean llamados y estén comprometidos a orar constantemente, en la mayoría de los casos a diario, por usted y para que la obra de Cristo se cumpla a través suyo. Es bueno que le comunique sus necesidades, desafíos y tareas específicas a este grupo al menos una vez al mes. Por favor, lea la siguiente declaración despacio, con cuidado y en oración:

Si en este momento no tiene un escudo de oración, es probablemente porque no cree que necesite uno o que su tarea no sea lo suficientemente importante como para requerir uno. En cualquiera de los dos casos, está equivocado.

Puede estar pensando, *Bueno, no necesito un equipo de oración. No tengo un gran llamado como lo tiene un pastor o un misionero; ellos necesitan cobertura de oración, pero yo no.* ¡No tan rápido! Si está en Cristo, tiene un llamado de Dios en su vida. Nunca se sienta inferior o deficiente. Cada llamado de Dios en nuestras vidas es un llamado supremo y sobrenatural. Por esta razón, todos necesitamos un escudo de oración.

El apóstol Pablo sabía que lo necesitaba. En no menos de cinco ocasiones distintas, reclutó compañeros de oración personales que oraran por él y la obra de Cristo a través de él:

Hermanos, oren también por nosotros. (1 Tesalonicenses 5:25)

Les ruego, hermanos, por nuestro Señor Jesucristo y por el amor del Espíritu, que se unan conmigo en esta lucha y que oren a Dios por mí. (Romanos 15:30)

Mientras tanto, ustedes nos ayudan orando por nosotros. Así muchos darán gracias a Dios por nosotros a causa del don que se nos ha concedido en respuesta a tantas oraciones. (1 Corintios 1:11)

Porque sé que, gracias a las oraciones de ustedes y a la ayuda que me da el Espíritu de Jesucristo, todo esto resultará en mi liberación. (Filipenses 1:19)

Además de eso, prepárame alojamiento, porque espero que Dios les conceda el tenerme otra vez con ustedes en respuesta a sus oraciones. (Filemón 22)

Me encanta la declaración enfática que C. Peter Wagner hace para animarnos a todos nosotros a elaborar un escudo de oración:

Estoy personalmente convencido de que la siguiente declaración es cierta: la fuente espiritual más subutilizada en nuestras iglesias hoy es la intercesión por los líderes cristianos. No digo intencionalmente "una de las fuentes de poder más subutilizadas" porque no crea que, en efecto, alguna otra así de importante esté tan abandonada. No lo hacemos y normalmente, ni siquiera hablamos al respecto.[1]

Wagner declara que hay tres niveles de compañeros de oración que son útiles:[2]

- *Intercesores de nivel tres*: el compañero de oración casual que ora por nosotros cuando Dios nos trae a la mente de esa persona. No sabemos hasta qué punto nos resultan útiles estos compañeros de oración.

- *Intercesores de nivel dos*: los compañeros de oración comprometidos e informados que están dedicados a orar por nosotros con frecuencia, si no a diario, y con quienes nos comunicamos constantemente. Estas personas oran por nosotros con amor y conocimiento. Si tenemos doce o más intercesores así, su beneficio para nosotros es significativo.

- *Intercesores de nivel uno*: los compañeros de oración calificados, llamados y ungidos que tienen manos limpias, corazón puro y no adoran ídolos (Salmo 15; 24:3-6). Están calificados para subir el monte del Señor y se diría públicamente que la razón principal por la que están vivos es orar por nosotros como su tarea de alto nivel de parte del Señor. Estos intercesores son pocos en número, y si tenemos dos o tres de estos, Dios nos ha mostrado un favor inusual.

Me encanta honrar mi escudo de oración.[3] Pienso de forma constante y creativa en cómo expresarles agradecimiento a quienes oran por mí y por el cumplimiento de la obra de Cristo a través de mí. Recluté mis primeros compañeros de oración cuando fui por primera vez a la universidad. Les envié cartas a muchas personas de mi iglesia madre para pedirles que me comunicaran si estarían dispuestos a orar por mí a diario durante mis años de universidad. Para mi sorpresa, dieciocho personas maravillosas estuvieron de acuerdo. Tengo confianza en que la razón por la que Dios me bendijo durante los cuatro años de universidad se debió en gran parte a las oraciones fieles de esos individuos.

Cuando me gradué de la universidad, mi primer trabajo fue en Shell Point Village, un centro de jubilación cristiano en el suroeste de Florida. Qué placer fue descubrir que la iglesia estaba llena de intercesores, muchos de los cuales oran por mí hasta el día de hoy. Hoy, Dios me ha dado trescientos cuarenta y ocho compañeros de oración que oran por mí prácticamente cada día. La mayoría es miembro de mi congregación, y otros son de todo el mundo. Cada vez que viajo, Dios me da intercesores que tienen jurisdicción territorial en ese país, que les permite orar efectivamente y con autoridad en su región. Oro con frecuencia, *Señor, dame intercesores de oración. Protégelos del enemigo, dales dirección del Espíritu Santo y revelación de Cristo a medida que los empoderas para que oren por mí.*

El futuro pertenece a los intercesores y todos estamos en deuda con ellos, por su fiel ministerio a nuestro favor.

Ahora es turno: Paso de acción del día 24

Previamente, identificamos dos razones principales por las que las personas no elaboran un escudo de oración. ¿Las dos son ciertas en su caso?

- No cree que lo necesite.

- No cree que su tarea sea lo suficientemente importante para requerir uno.

Si cualquiera de estas razones ha evitado que elabore un escudo de oración, arrepiéntase. No permita que el orgullo o una opinión excesiva de sus capacidades eviten que les pida a las personas que oren por usted. En el otro extremo, no se subestime a usted o a su llamado —su llamado, como el mío, es supremo. Cada llamado es supremo y digno de reclutar personas para que oren por éste. En el espacio que se presenta a continuación, escriba los nombres de las personas que Dios traiga a su mente, a quienes pudiera acercarse esta semana y reclutarlas para servir como los primeros miembros de su escudo de oración.

_____   _____
_____   _____
_____   _____
_____   _____
_____   _____

Señor Jesús, lo que me estás enseñando hoy es _____
_____
_____

Señor Jesús, el paso de acción que tomaré es_____
_____
_____
_____

Día 25

FORME DISCÍPULOS DEL APOSENTO ALTO

Jesús empezó Su ministerio público reuniendo un puñado de doce discípulos, y lo culminó congregando en una habitación a ciento veinte. Inició con un grupo que desde luego tenía potencial, pero ellos no eran hombres de oración en ninguna manera. Pero con el tiempo, terminó con estos doce; y tres años después, eran discípulos del aposento alto totalmente desarrollados.

Si aprendemos algo del modelo de discipulado de Cristo, es que formó intencionalmente personas que no solo acogieron Su misión, sino que captaron el modelo de ministerio del aposento alto. Ellos entendieron por completo que su tarea principal era ministrar a la presencia del Señor, y sabían que el éxito de hacer discípulos de todas las naciones se determinaba por el éxito de su primera tarea.

Un apóstol africano exitoso

El pastor Willy Muyabwa era un líder cristiano exitoso en África cuando lo conocí. Además de pastorear una iglesia local en la ciudad capital de Niamey (Nigeria), era el fundador y presidente de una universidad cristiana, presidente de la iglesia de las Asambleas de Dios en Nigeria, presidente de la Fraternidad Evangélica en Niamey y padre de cinco hijos. Era un hombre ocupado con bastante trabajo.

Cuando les prediqué a unos cuantos líderes de iglesia en Niamey sobre la presencia manifiesta de Cristo y los llamé al arrepentimiento por mantenerse tan ocupados con cosas menos importantes, dejando de lado la gloria de Dios, el pastor Willy fue el primero en acercarse en humildad y arrepentimiento. Él y docenas de sus colegas se arrepintieron ese día por la actividad excesiva y la falta de oración. Ese día, el Espíritu Santo le habló al pastor Willy y a su esposa y los llamó a realinear sus vidas y establecer un nuevo conjunto de principios, buscar a Cristo y a Su reino primero, edificar una iglesia de oración y discípulos que se encontraran con Dios en el aposento alto.

Hace unas semanas, estaba con el pastor Willy en Ruanda junto con setenta y tres grandes líderes africanos que hacen parte de este equipo, todos están formando discípulos del aposento alto y plantando iglesias de oración en toda África. Ninguno recibe un centavo de parte del Instituto de la Oración. De hecho, los setenta y tres líderes pagaron su propia cuenta para asistir a esta conferencia de entrenamiento. Son líderes de iglesia ocupados y exitosos de docenas de denominaciones evangélicas, pero todos tienen una cosa en común: reconocen que su tarea número uno es ministrar a la presencia de Cristo y que el éxito de su ministerio público depende ciento por ciento de su capacidad de recibir las tareas dos, tres, cuatro y así sucesivamente, de parte del Señor. Están motivados por un celo de corazón para alcanzar a las personas no alcanzadas en la tierra antes del regreso de Cristo. Son bien conscientes de que su única esperanza de lograr una misión tan sagrada es mediante una iglesia avivada.

El pastor Willy ha plantado más de cincuenta campus del Instituto de la Oración en toda África: en Nigeria, la República Democrática del Congo, Kenia, Sudán, Ruanda, Burundi, República del Congo, Togo y Benin.

¿Por dónde comienzo?

Sea que formemos parte del liderazgo o de la membresía de la iglesia, nuestra misión es la misma: hacer discípulos. Cuando disponemos nuestro corazón no solo para ser un discípulo del aposento alto, sino para formar discípulos del aposento alto, descubrimos que es más fácil de lo que habíamos pensado. Queremos seguir el modelo de Jesús de ENVIAR discípulos. Esto incluye los cinco elementos fundamentales que Él empleó:

- *Seleccionar su grupo principal de líderes:* "Por aquel tiempo se fue Jesús a la montaña a orar, y pasó toda la noche en oración a Dios. Al llegar la mañana, llamó a sus discípulos y escogió a doce de ellos, a los que nombró apóstoles" (Lucas 6: 12-13).

- *Evangelizar juntos:* "'Vengan, síganme', les dijo Jesús, 'y los haré pescadores de hombres'" (Mateo 4:19). "Habiendo reunido a los doce, Jesús les dio poder y autoridad para expulsar a todos los demonios y para sanar enfermedades. Entonces los envió a predicar el reino de Dios y a sanar a los enfermos" (Lucas 9:1-2).

- *Nutrirse entre todos:* "Así como el Padre me ha amado a mí, también yo los he amado a ustedes. Permanezcan en mi amor" (Juan 15:9).

- *Encuentro divino:* "Porque donde dos o tres se reúnen en mi nombre, allí estoy yo en medio de ellos" (Mateo 18:20).

- *Enviar a sus líderes empoderados:* "'¡La paz sea con ustedes!' repitió Jesús, 'como el Padre me envió a mí, así yo los envío a ustedes'" (Juan 20:21).

Este modelo de ministerio de discipulado tipo vida a vida que Jesús usó es el mismo modelo que usamos en los equipos ministeriales y en el grupo de vida en nuestra iglesia local. Todos en el liderazgo en nuestra iglesia esperan comprometerse en el discipulado al estilo de Jesús. Cuando crecemos, nos bautizamos, añadimos miembros y plantamos iglesias, queremos asegurarnos de que también vamos más profundo y edificamos una base cada vez más sólida. El error que cometen muchas iglesias es poner todas sus energías en el crecimiento numérico, pero nunca invierten en las vidas de sus líderes. En vez de edificar vidas que edifiquen la iglesia, simplemente añaden números al listado. Hemos descubierto que cuando crecemos en número, necesitamos hacer crecer a nuestros líderes.

Así es como funciona:

- *Seleccionar su grupo principal de líderes.* El papel más importante que tiene cada persona en nuestra iglesia es orar. Nuestro papel más importante es seleccionar a las personas adecuadas con quienes hacer equipo y en quienes invertiremos nuestras vidas. No queremos perder nuestro tiempo. Queremos seleccionar líderes reconocidos y de confianza que demuestren amor por Cristo, así como fiabilidad, y después, formarlos de forma intencional y sistemática.

- *Evangelizar juntos.* Una de las mejores cosas que podemos hacer por alguien es mostrarle cómo guiar a alguien a Cristo al hacerlo con él o ella. Me encanta guiar personas a Cristo, pero casi siempre me siento mal cuando lo hago solo; es una oportunidad perdida. No aprendemos a cazar venados al sentarnos frente al televisor; aprendemos a hacerlo en un puesto de caza con un cazador experimentado.

- *Nutrirse unos a otros.* El reino de Dios viaja a lo largo de líneas relacionales. La única manera de formar líderes del reino es pasar el rato con personas del reino, hacerle frente a la vida juntos. Visitas en el hospital, desayuno, almuerzo, juegos de pelota, correr, golf, visitas en el vecindario y vida grupal son todas las cosas que hago, entonces siempre intento hacerlas con mis líderes principales.

- *Encuentro divino.* Todo el discipulado vivificante da como resultado encontrar la presencia manifiesta de Cristo. Garantizado. Sin excepciones. Es la marca única y definitiva del método del ministerio de Jesús. Por esta razón, siempre estoy orando con las personas, imponiendo manos sobre los individuos, invitando a Cristo a venir a las reuniones, sin importar qué tan pequeñas o grandes sean. ¡Hay pocas cosas que disfruto más que encontrarme con mis cuatro ancianos de administración para tener una reunión financiera cuando estalla un tiempo de oración en el aposento alto para encontrarnos con Dios! Cuando edifica una iglesia de oración, cada reunión se convierte en un una reunión de oración.

- *Enviar a sus líderes empoderados.* Las personas del reino no solo quieren tener su nombre en un papel; quieren arremangarse y participar en el juego. Quieren responsabilidad, esferas de influencia que puedan impactar. ¿Qué mayor autoridad hay que la autoridad del reino de Dios, y qué mayor esfera de influencia hay que la de los discípulos del aposento alto que se encuentran con Dios?

- Dios tiene un grupo principal de líderes con los que quiere que se encuentre ahora mismo.

Ahora es su turno: Paso de acción del día 25

Lo que decida hacer hoy determinará el éxito a largo plazo de esta aventura de treinta y un días.

- Programe un tiempo de más o menos veinticuatro horas en algún momento de la próxima semana cuando pueda ayunar, orar y buscar el rostro de Dios para saber con quién empezará a reunirse en un discipulado de oración. Recomendamos que empiece su ayuno con una cena en la noche, luego continúe hasta el desayuno y el almuerzo al día siguiente. Programe una fecha: _____.

Escriba su lista de candidatos a líderes principales:

_____   _____

_____   _____

_____   _____
_____   _____
_____   _____

- Haga un borrador en términos sencillos para su reunión de discipulado, incluyendo fecha, hora de la primera reunión, frecuencia de las reuniones y fecha de terminación anticipada. Después, invite a las personas de su lista para que se unan al discipulado de oración. Deles dos buenas oportunidades del tipo "ore por esto y hable con su pareja al respecto" antes de darles a conocer lo que harán.

- Si usa correo electrónico inicialmente para enviar su carta personalizada de invitación y sus pautas, asegúrese de hacer seguimiento a su correo con una llamada telefónica personal durante los tres días siguientes para responder cualquier pregunta que las personas puedan tener.

Señor Jesús, lo que me estás enseñando hoy es _____

_____

_____

_____

_____

Señor Jesús, el paso de acción que tomaré es _____

_____

_____

_____

Semana 5: Preguntas para grupos pequeños

1. Anime a alguien en el grupo a leer en voz alta Juan 20:19-23. ¿Cuál es el contexto de esta reunión en el aposento alto de Jesús y Sus discípulos?

2. Mire con atención cada una de las cinco declaraciones que Jesús hace en este pasaje relacionado con los principios del discipulado (que vimos el día veinticinco). Al tomar una declaración a la vez, ¿cuál es la importancia de cada una?

3. ¿Qué nos dicen estas cinco declaraciones acerca de los discípulos? ¿Acerca de Cristo? ¿Acerca del aposento alto?

4. Describa el propósito de un equipo de oración en la iglesia local. ¿Cómo se beneficiaría su iglesia de tal equipo de oración? Sea específico.

5. ¿Por qué Jesús incluye a los niños con tanto entusiasmo en Su ministerio? ¿Qué nos dice esto acerca de Cristo? ¿Acerca del reino de Dios?

6. ¿De qué manera su grupo puede conectarse con los niños más efectivamente? ¿Con estudiantes de secundaria, de universidad y con jóvenes adultos? ¿Por qué es importante?

7. En sus propias palabras, defina un escudo de oración. ¿Por qué este libro considera que es un asunto tan importante que cada cristiano tenga un escudo de oración? ¿Está de acuerdo con esta perspectiva?

8. En sus propias palabras, defina un discípulo del aposento alto. Dé un ejemplo de alguien que conozca a quien llamaría discípulo del aposento alto. ¿Usted se consideraría un discípulo del aposento alto? ¿Por qué sí o por qué no?

9. Explique el discipulado con base en el modelo de Jesús. ¿Estos principios resumen con exactitud el método de discipulado de Jesús? ¿Por qué cada uno de los cinco aspectos del discipulado de Jesús es tan importante?

10. ¿Cómo se vería el modelo de discipulado en su grupo pequeño? Sea específico.

Semana 5: Consejo para pastores

Esta semana formará un equipo de oración en toda su iglesia. Cuando Dios pone en su corazón edificar una iglesia de oración, puede estar seguro de que ya ha dado las personas que necesita para hacerlo con éxito. Esto quiere decir que su equipo de oración ya está a su alcance.

Cristo le ayudará a identificar su equipo de oración. Lo capacitará para equipar y empoderar individuos a fin de servir en su equipo de oración. Haga una lista de candidatos a quienes Dios pueda estar llamando a servir en su equipo de oración:

_____   _____

_____   _____

_____   _____

_____   _____

Con base en las tareas del equipo de oración que se mencionaron en el día veintiuno, ¿cuál cree que será la más importante para su equipo? ¿Qué tareas adicionales quisiera incluir? ¿Cuáles son los próximos pasos que necesita tomar para reunir y activar su equipo?

Con base en lo que discutimos en los días veintidós y veintitrés, usted querrá hablar con el director del ministerio de niños y quienes trabajan con los jóvenes. Tómese su tiempo. Pregúntele a Dios al respecto. Piénselo bien. Ore un poco más. Si quiere ganar adherencia como una iglesia de oración, querrá considerar la idea de implementar un ministerio infantil basado en la búsqueda de la presencia de Dios que les enseñe a los niños cómo orar, escuchar la voz de Dios, confrontar al enemigo y promover el reino de Cristo. Organice un plan estratégico para activar a sus estudiantes y jóvenes adultos en oración.

LLEVE EL FUEGO A SUS VECINOS Y A LAS NACIONES

Cada iglesia, incluyendo la suya, está diseñada para tener un aposento alto y desde ahí, Dios planea alcanzar a sus vecinos y a las naciones a través de usted. Ésta es su última semana de esta aventura de treinta y un días, la semana seis. Aquí es donde se une todo lo que hemos aprendido.

Si esto no tiene impacto en vecinos y naciones, su aposento alto no cumplirá su propósito diseñado por Dios. Es hora de que se arremangue. Como está en la tarea de cumplir su primera tarea —organizar una reunión de oración tipo aposento alto en su iglesia—, querrá cumplir su siguiente tarea: alcanzar a las personas que están a su alrededor, tanto a nivel local como en todo el mundo.

Día

26

SIGA EL PATRÓN PLENITUD -CUMPLIMIENTO

En esencia, toda oración significa avanzar hacia el vórtice de la gloria de Cristo: encontrar la *plenitud* de Cristo en la iglesia y *cumplir* los propósitos de Cristo en la tierra. Como los dos movimientos de un pistón o las dos piernas sobre las que caminamos, la plenitud de Cristo y el cumplimiento de Sus propósitos son las dos fuerzas que impulsan la iglesia a seguir adelante. No podemos separar uno del otro. El patrón plenitud-cumplimiento es secuencial e inclusivo.

La plenitud es la obra de Cristo en mí, y siempre viene primero. El cumplimiento es la obra de Cristo a través de mí, que va después. Jonathan Edwards, precursor y catalizador clave del Gran Avivamiento en Estados Unidos en 1740, escribió un libro que se convirtió en un éxito de ventas en su época. El título es inusualmente largo, pero contiene este mismo principio de plenitud-cumplimiento: *Un humilde intento por promover el acuerdo explícito, la unión visible del pueblo de Dios, la extraordinaria oración del avivamiento de la religión* [plenitud] *y el avance del reino de Cristo sobre la tierra* [cumplimiento].[1]

David Bryant es un querido amigo mío y un catalizador de oración que exalta a Cristo. Note el patrón plenitud-cumplimiento que usa: "Despertar espiritual: cuando el Padre nos despierta para ver la plenitud de Cristo de nuevas formas, de modo que juntos confiemos en Él, lo amemos y obedezcamos de nuevas formas a fin de que nos movamos con Él de nuevas formas para el cumplimiento de Su causa global."[2]

Mis amigos africanos

Uno de los relatos más emocionantes que escuchamos de primera mano sobre el principio plenitud-cumplimiento y que se demostró de forma impresionante en nuestra vida está sucediendo hoy en Costa de Marfil. Cuando uno de sus presidentes denominacionales, el doctor Celestin Koffi, invitó al Instituto de la Oración a trabajar con ellos, su objetivo era convertirse en una iglesia de oración y misionera.[3] Querían hacer discípulos y alcanzar las naciones.

Lo sorprendente es que dos meses después de que el Instituto de la Oración organizara nuestro primer módulo de cuatro días en Costa de Marfil, la nación tuvo un golpe de estado político y tanto las Naciones Unidas como el Departamento de Estado de los Estados Unidos prohibieron a cualquier ciudadano estadounidense viajar allá. Sin embargo, la iglesia de Costa de Marfil continuó con los módulos del Instituto de la Oración dos veces al año durante seis años. Nos dijeron cuando pudimos regresar:

—No creemos que la iglesia en Costa de Marfil hubiera sobrevivido la guerra civil si no hubiera sido por el Instituto de la Oración.

Cuando les preguntamos por qué sentían que el Instituto de la Oración había jugado un papel tan importante, simplemente dijeron con lágrimas:

—Ustedes abrieron la puerta a lo sobrenatural, pero nos enseñaron cómo evitar el exceso —después, nos imploraron—, ahora necesitamos que regresen y nos entrenen para hacer con otros lo que ustedes han hecho por nosotros.

En 2010, entrenamos a sus líderes sobre cómo plantar otros aposentos altos para encontrarse con Dios a nivel regional. Ahora, tienen dieciocho campus del Instituto de la Oración y entrenan líderes en todo el país para ser discípulos del aposento alto y edificar casas de oración para todas las naciones a fin de encontrarse con Dios. En 2014, tenían planes de plantar quince campus adicionales.

Cuando el Instituto de la Oración fue invitado por primera vez a servir en la iglesia de Costa de Marfil, ésta tenía una membresía de doscientos cincuenta mil personas, y aún no habían enviado un solo misionero más allá de sus fronteras. Siete años después, tenían más de quinientos mil miembros y habían enviado setenta y dos misioneros a países en África. Ahora, tienen como objetivo Francia y España. Sus líderes le dirían hoy que este crecimiento impresionante y este celo misionero fue el resultado de la oración que se encuentra con Dios, la cual los llevó a encontrar la plenitud de Cristo. El cumplimiento de Su misión viene después de la llenura de Su manifestación.

¿Por qué creció rápidamente la iglesia en Costa de Marfil? La respuesta es simple: entendieron el principio plenitud-cumplimiento. Han experimentado el beneficio y ahora no quieren parar.

El principio plenitud-cumplimiento en las Escrituras

Vemos el principio plenitud-cumplimiento en todas las Escrituras. El primer aposento alto en Jerusalén lo demuestra: primero, todos los creyentes fueron llenos con el Espíritu Santo (Hechos 2:4) y después, empezaron a declarar alabanzas al Dios de las naciones desde el norte, el sur, el oriente y el occidente —tanto judíos como árabes— con tres mil salvos en un día (Hechos 2:5-15, 41). ¡Eso es lo que llamo cumplimiento!

Pedro y Juan lo demostraron bien. Cuando fueron liberados de la prisión, los creyentes se reunieron para orar solo para experimentar el patrón plenitud-compromiso de nuevo (ver Hechos 4). Después de orar, el lugar donde se reunían tembló y todos fueron llenos con el Espíritu Santo (plenitud) y hablaron la Palabra de Dios con valentía (cumplimiento) (Hechos 4:31).

El libro de Efesios es una descripción maravillosa de la iglesia y todo el libro se construye alrededor del principio plenitud-cumplimiento. La primera mitad del libro (caps. 1-3) se trata de la plenitud de Cristo; la segunda mitad (caps. 4-6), se trata del cumplimiento.

Plenitud	Cumplimiento
La obra de Cristo en mí	La obra de Cristo a través de mí
Avivamiento en la iglesia	Evangelismo en la comunidad
Renovación de los creyentes	Misiones al mundo

Despertar el amor por Cristo	Avance del reino de Cristo
Trabajo interno dinámico	Trabajo externo dinámico
El efecto inicial	El efecto resultante
Manifestación de Cristo a la iglesia	Manifestación de Cristo mediante la iglesia

Nadie entiende el patrón plenitud-cumplimiento mejor que Steve Gaines. Él conoce la conexión vital entre edificar una iglesia de oración y una iglesia que gana almas. Actualmente, es pastor de la Iglesia Bautista Bellevue en Memphis (Tennessee). Antes de servir en ese cargo, Steve pastoreó la Primera Iglesia Bautista de Gardendale, cerca de Birmingham (Alabama). Durante siete años, esta iglesia tuvo el mayor número de bautismos a nivel estatal y nunca había tenido un programa evangelístico. Las personas siempre preguntaban cuál era el secreto de Steve. Él simplemente explicaba:

—Cuando Dios viene a la iglesia, las personas son salvas.

¡De eso es de lo que estoy hablando! El pastor Steve Gaines ha aprendido que no necesitamos poner mucha energía en el evangelismo. Cuando ponemos nuestra energía en atraer la presencia manifiesta de Cristo, las personas son salvas.

Ahora es su turno: Paso de acción del día 26

En sus propias palabras, defina *plenitud*: _____

_____

_____

_____

_____

En sus propias palabras, defina *cumplimiento*: _____

_____

_____

_____

_____

_____

Señor Jesús, lo que me estás enseñando hoy es _____

_____

_____

_____

_____

_____

Señor Jesús, el paso de acción que tomaré es _____

_____

_____

_____

_____

_____

HAGA BIEN SU TAREA

Si alcanzamos a nuestros vecinos y las naciones, no será debido a una reunión de comité, una reunión de junta o una reunión de planeación estratégica; será debido a una reunión de oración. Contrario a nuestra propia idea popular, pero errada, nuestro vecindario y la comunidad que está alrededor de nuestra iglesia no está esperando a ver lo que nosotros y nuestra iglesia podemos hacer. Sin embargo, las personas esperan ver lo que Dios puede hacer. No es coincidencia que cada viaje misionero en el Nuevo Testamento recibiera orden de partida desde la reunión de oración en el aposento alto en Antioquía.[1]

Jesús les prometió a Sus discípulos que los haría exitosos pescadores de hombres: "Vengan, síganme (...) y los haré pescadores de hombres" (Mateo 4:19). Con esta promesa de pesca exitosa, no es una mera coincidencia que tanto al comienzo de Su ministerio (Lucas 5:1-11) como al final (Juan 21:1-11), Jesús les ofreciera a Sus discípulos una pesca milagrosa.

En ambos casos, los hombres estaban agotados de pescar durante toda la noche sin algo qué mostrar, y en ambos casos, Jesús les dio instrucciones sencillas:

—No se den por vencidos, no se muevan, no cambien el curso, solo alteren un poco su aproximación.

Cuando los discípulos amarraron la pesca milagrosa al comienzo del ministerio de Cristo, Él simplemente les dijo: "Lleven la barca hacia aguas más profundas, y echen allí las redes para pescar" (Lucas 5:4). Los resultados fueron abrumadores: "Así lo hicieron, y recogieron una cantidad tan grande de peces que las redes se les rompían. Entonces llamaron por señas a sus compañeros de la otra barca para que los ayudaran. Ellos se acercaron y llenaron tanto las dos barcas que comenzaron a hundirse" (Lucas 5:6-7). En la pesca milagrosa de los discípulos al final del ministerio terrenal de Jesús, el Señor simplemente dijo: "Tiren la red a la derecha de la barca, y pescarán algo" (Juan 21:6). ¡Qué sutileza! De nuevo, los resultados fueron absolutamente extraordinarios: "Así lo hicieron, y era tal la cantidad de pescados que ya no podían sacar la red (...) Eran ciento cincuenta y tres, pero a pesar de ser tantos la red no se rompió (Juan 21:6, 11). La primera mitad de estas historias es una imagen vívida de los esfuerzos infructuosos en el ministerio de la iglesia.

Cuando nuestros mejores esfuerzos en el ministerio eclesial no tienen resultados y nos dejan exhaustos, tendemos a pensar que necesitamos renunciar a nuestro trabajo, cambiar de iglesia, mudarnos por el país o irnos a trabajar en ventas. No tan rápido. En los dos casos, cuando los discípulos estaban pescando, su ubicación no era el problema, era simplemente un asunto de elegir el momento oportuno y un acercamiento. Una vez que escucharon a Jesús, sus redes se llenaron rápidamente hasta rebosar. El punto es éste: a Dios solo le tomará una palabra para que su iglesia local esté atestada y sin suficientes espacios para que las personas parqueen. La clave es hacer bien su tarea: la oración.

El llamado de Dios para usted

Cada viaje misionero en el Nuevo Testamento no solo empezó en el aposento alto en Antioquía, sino que todos los que en la Biblia recibieron su llamado, lo hicieron a partir de un encuentro con la presencia manifiesta de Cristo. No hay excepciones.

Abraham recibió su llamado cuando encontró a Dios en una palabra (ver Génesis 12:1-3) y después, en una visión (Génesis 15:1-21). Jacob recibió su llamado en encuentros con la presencia manifiesta de Dios en múltiples ocasiones, y supo exactamente lo que le estaba pidiendo (Génesis 28:10-22; 32:22-32). Moisés recibió su llamado cuando encontró la presencia manifiesta de Cristo en la zarza ardiente, y supo inmediatamente cuál era su tarea (Éxodo 3-4).

Encontrar la presencia manifiesta de Cristo es lo que empodera la iglesia. En Pentecostés, mientras los ciento veinte se reunieron para orar y encontrarse con Dios en el primer aposento alto de Jerusalén, cada individuo fue lleno del Espíritu Santo. Quienes estaban en la calle escucharon la palabra de Dios en su propia lengua, y se salvaron tres mil judíos. ¿Puede imaginar ver tres mil personas salvas en un día? Cuando los ciento veinte se reunieron en el aposento alto, fueron llenos con la plenitud de Cristo. Fue el Cristo pleno en ellos quien trajo muchos judíos a Cristo ese día. ¿Cuándo aprenderemos que cuando Dios viene, puede lograr más en un día de lo que nosotros podemos lograr durante toda la vida?

La razón por la que los pastores hoy están abandonando el ministerio en cantidades sin precedentes no es porque sean blandos o cobardes, es que muchos de ellos nunca recibieron su llamado a partir de un encuentro con Cristo. O, si lo hicieron, no permanecieron en la presencia manifiesta de Dios. No es coincidencia que cada viaje misionero en el libro de Hechos recibiera la orden de partida desde el aposento alto en Antioquía. El movimiento misionero inició en esa memorable reunión de oración de profetas quienes se unieron a Pablo y Bernabé para ministrar al Señor, que era su primera tarea, donde escucharon decir al Espíritu Santo: "Apártenme ahora a Bernabé y a Saulo para el trabajo al que los he llamado" (Hechos 13:2), su segunda tarea.

Caminatas de oración

Una herramienta subutilizada que nos permite escuchar a Dios y hacer bien nuestra tarea para que podamos promover rápidamente el reino de Cristo en nuestro vecindario es la caminata de oración. En esencia, la caminata de oración es exactamente lo que parece, orar y caminar en simultáneo con nuestros ojos abiertos para hacer dos cosas: adorar y dar la bienvenida. Adoramos a Cristo y le damos la bienvenida a Su presencia. Steve Hawthorne y Graham Kendrick escribieron un libro maravilloso llamado Caminata en oración.[2] Usted disfrutará al leer ese libro para tener mayor entendimiento.

Ahora es su turno: Paso de acción del día 27

Hoy, tiene la oportunidad de participar de dos pasos de acción específicos:

- Convocar a un ayuno colectivo. Al principio, cuando Bernabé y Saulo recibieron su tarea en la reunión de oración para encontrarse con Dios en el aposento alto, en Antioquía, estaban ayunando a nivel colectivo. Esta semana considere convocar a su grupo pequeño para ayunar con un propósito: ministrar al Señor y recibir órdenes. Asegúrese de que está pescando en el lado correcto del bote.

- Convocar a caminatas de oración en su comunidad. En la caminata de oración usted ora en el lugar elegido, con una nueva percepción. Mientras camina, adore a Cristo, dele la bienvenida a Su presencia y escuche Su indicación mientras ora con los ojos abiertos.

Señor Jesús, lo que me estás enseñando hoy es _____
_____
_____
_____
_____
_____

Señor Jesús, el paso de acción que tomaré es _____
_____
_____
_____
_____
_____

Día 28

COMIENCE CON SU CAMPAMENTO BASE

Dios quiere que todos experimentemos el gozo de guiar a un vecino a la fe en Cristo. "Vengan, síganme —les dijo Jesús—, y los haré pescadores de hombres" (Mateo 4:19). Ciertamente, eso significa que Él nos dará oportunidades para construir puentes relacionales con nuestros vecinos, quienes viven justo a nuestro alrededor en nuestro campamento base, que son suficientemente fuertes como para soportar el peso del evangelio.

Mi esposa y yo nos cansamos de ser vecinos irrelevantes. ¡Ni siquiera sabíamos los nombres de nuestros vecinos! Podrían haber muerto y enfrentado una eternidad sin Cristo y nunca habríamos hecho absolutamente nada al respecto. Algo debía cambiar.

Una noche en El Río, nuestra reunión de oración central para encontrarnos con Dios, quienes estábamos reunidos empezamos a orar por los vecinos que vivían en un radio de ocho kilómetros alrededor del campus de nuestra iglesia. Entre más orábamos, más teníamos la revitalizadora convicción de que necesitábamos hacer algo por estas personas. El celo creció. Reímos y lloramos en la presencia de Dios. Esa noche, habló claramente a mi propio corazón:

—Quiero que vayas puerta a puerta y conozcas a tus vecinos.

Sentí tal convicción que sabía que ese sentir venía de Dios porque odio la repentina visitación puerta a puerta, y no me gustan las conversaciones triviales con quien nunca voy a ver de nuevo. Jamás pensaría en hacer algo así por mi cuenta.

Han pasado cinco años desde esa noche. Los miembros de nuestra iglesia y yo hemos hecho unas veinte mil visitas puerta a puerta. Antes de nuestras visitas, solo tres personas que vivían en un radio de media milla alrededor de nuestras instalaciones asistían a nuestra iglesia con frecuencia, pero hoy, varios cientos están en nuestro edificio para participar en alguna actividad cada semana. Ahora, cuando camino por el vecindario, las personas me reconocen y me agradecen por todo lo que nuestra iglesia por el vecindario.

Cuando camino puerta a puerta, he aprendido a decir:

—Me gustaría orar por usted y pedirle a Dios que lo bendiga. ¿Qué le gustaría que Jesús hiciera por usted?

Me encanta esa pregunta porque está centrada en Jesús y es positiva. Las respuestas que he recibido son extraordinarias.

Un hombre me pidió que orara por la nueva tienda de segundas de su esposa. La siguiente ocasión que fui a su casa, estaba afuera con una lata de cerveza en su mano y hablaba con tres vecinos:

—Oigan, vengan todos —gritó—, este hombre conoce a Dios. Oró por la tienda de segundas de mi esposa hace un mes y, ¡las ventas de hoy estuvieron por las nubes! Si necesitan algo de parte de Dios, necesitan pedirle a él que ore con ustedes.

En otra ocasión, le pregunté a una mujer:

— ¿Qué le gustaría que Jesús hiciera por usted?

Rompió a llorar. Su esposo la había dejado ese día. Oramos y Dios salió a su encuentro. Estaba en la iglesia el domingo siguiente.

No todo vecindario es tan multiétnico como el nuestro. Nuestra escuela secundaria local tiene chicos de noventa y un naciones diferentes. Mi iglesia local tiene miembros que nacieron en cincuenta y cuatro naciones distintas del mundo.

La Biblia nos dice que Dios no solo supervisa los patrones migratorios de los gansos de las nieves, sino de todos los grupos de la tierra: "De un solo hombre hizo todas las naciones para que habitaran toda la tierra; y determinó los períodos de su historia y las fronteras de sus territorios" (Hechos 17:26). El siguiente versículo sigue dando la razón por la que Dios dirige la migración de los pueblos de la tierra: "Esto lo hizo Dios para que todos lo busquen y, aunque sea a tientas, lo encuentren. En verdad, él no está lejos de ninguno de nosotros" (Hechos 17:27). Aquí en el noreste de Atlanta, estamos descubriendo que cuando las personas se mudan a un nuevo país, son más receptivas a la hospitalidad genuina, al amor y al evangelio de Cristo.

Nuestro grupo de vida

Mi esposa y yo, junto con un amigo cercano que vive en nuestro vecindario, empezamos un grupo de vida que se reúne cada semana en nuestra subdivisión. Imprimimos invitaciones sencillas, las distribuimos puerta a puerta e invitamos a cada uno de nuestros vecinos. Muchas personas han venido. Una noche, un nuevo miembro de nuestro grupo les pidió a los líderes que oraran por él. Mientras estábamos cerca de él para orar, interrumpió:

—Ahora, esperen un minuto. ¿Qué debería hacer? Nunca antes había orado por mí.

Esas palabras fueron tan refrescantes. Piénselo, nunca nadie había orado por este hombre antes. Una de las ancianas en el grupo dijo:

—Oh, cariño, ¡solo relájate y disfruta!

Fue la respuesta perfecta. El hombre no necesitaba una explicación teológica de la oración, como probablemente yo se la habría dado; solo necesitaba que lo hicieran sentir cómodo. Desde que nuestro grupo inició, hemos visto a ocho de nuestros vecinos orar para recibir a Cristo.

El modelo de Hechos 1:8 va de la plenitud al cumplimiento, de adentro hacia afuera. Primero, recibimos plenitud: "Pero cuando venga el Espíritu Santo sobre ustedes, recibirán poder", y después, vemos el cumplimiento: "Serán mis testigos tanto en Jerusalén como en toda Judea y Samaria, y hasta los confines de la tierra." Note que los círculos concéntricos de influencia empiezan en nuestro vecindario, Jerusalén, y terminan en los confines de la tierra:

Jerusalén: nuestros vecinos y quienes están en un radio de ocho kilómetros alrededor de nuestro campamento base.

Judea: nuestra región

Samaria: quienes están cerca de nosotros y son interculturales.

Los confines de la tierra: las naciones del mundo.

Ahora es su turno: paso de acción del día 28

Es tiempo de empezar a orar por sus vecinos por nombre propio. Si aún no conoce los nombres de las personas, aprenderlos en un buen punto de partida. Esta semana, vaya y preséntese con algunos de sus vecinos y hágales algunas preguntas apropiadas:

- "Hola, soy _____. Mi esposo(a) se llama _____. ¿Cuál es su nombre?" (Escríbalo. Úselo con frecuencia).

- "Hemos vivido en el barrio durante _____ años. ¿Y usted? ¿Dónde vivía antes?"

- "Vimos que su perro [su patio, sus hijos]" (hágale un cumplido sincero a su vecino por cosas que ha notado.)

- "Cuénteme de sus hijos [o nietos]" (pregunte los nombres de los hijos, intereses, etc.)

- "Oiga, queremos salir a comer este viernes en la noche. ¿Nos recomendaría algún restaurante?"

- "¿Conoce un buen mecánico?"

- "¿Tiene algún plan especial para el verano?"

- "Nos encantaría conocerle mejor. Vamos a salir el viernes en la noche [o vamos a tener una noche de juegos]. ¿Puede acompañarnos?"

- "¿Puedo ayudarle con [alguna labor doméstica]?"

- "Oramos por nuestros vecinos cada semana. Queremos bendecirle. ¿Hay algo que le gustaría que Jesús hiciera por usted?"

- "Noté _____. ¿Hay algo de lo que quiera hablar? ¿Cómo puedo ayudarle?"

Señor Jesús, lo que me estás enseñando hoy es _____

_____

_____

_____

_____

Señor Jesús, el paso de acción que tomaré es _____

_____

_____

_____

_____

_____

ACOJA A LAS NACIONES

El plan de Dios es alcanzar un mundo perdido mediante una iglesia avivada. Él inició este patrón a partir de Su primer aposento alto en Jerusalén, donde derramó Su Espíritu Santo sobre ciento veinte creyentes. En pocas horas, este pequeño grupo estaba declarando milagrosamente alabanzas a Dios en lenguas que nunca habían aprendido. Debido a la fiesta de Pentecostés, los judíos del norte, sur, occidente y oriente —alrededor de todo el Mediterráneo— estaban reunidos de forma providencial en las calles de Jerusalén donde escucharon el evangelio por primera vez, y tres mil fueron salvos en un solo día. ¡Qué día!

Sin embargo, estoy entre los que cree que la gloria postrera será mayor que la primera (ver Hag. 2:9). Dios salva lo mejor al final, y lo que está haciendo en nuestros días y en los días finales de la historia será aún más milagroso y desafiante que lo que hizo en la primera iglesia.

Algunas de las heridas más profundas

Mi amigo Humberto Guzmán es unos de los líderes más efectivos que he conocido. No solo es un hombre compasivo, esposo y padre amoroso, también es un líder notable que dirige tres mil iglesias compuestas por siete mil miembros en Colombia (Sur América).

Las manos de Dios están sobre el pastor Guzmán. Sirve en un país peligroso, incluido entre los cincuenta países en los que la iglesia es perseguida y él es blanco del cartel de la droga. De hecho, mientras escribía este libro, escuché que fue herido con una bala a quemarropa. Por fortuna, estuvo alerta y fue lo suficientemente ágil para lograr que el pistolero fallara al apuntar directo a su pecho. La bala hirió a mi amigo en su brazo y salió por la parte posterior del hombro.

Los carteles de la droga no están contentos con la transformación que está sucediendo en su país a medida que el Espíritu Santo empodera a la iglesia. Colombia tiene algunas de las heridas más profundas de la humanidad sobre la tierra. En muchas ciudades de Colombia, en esencia todos han tenido alguien en su familia asesinado en un crimen relacionado con el cartel de la droga. Los carteles de la droga no le temen al gobierno porque saben que nunca los detendrá. Sin embargo, son conscientes de que hay una fuerza que puede detenerlos: el evangelio de nuestro Señor y Salvador Jesucristo.

En 2012, el pastor Guzmán invitó al Instituto de la Oración a trabajar con la iglesia en Colombia para que pudieran convertirse en una iglesia de oración. Su objetivo era doblar el número de personas en sus iglesias en los siguientes cinco años, haciendo crecer el ministerio para incluir cuatrocientas iglesias con ciento cuarenta mil miembros.

El pastor Guzmán sabe que es un objetivo grande, complicado y audaz. La única forma de cumplirlo es si Dios viene y sale a su encuentro. Desde la primera vez que nos invitó para venir a ayudarlos, él y sus líderes plantaron siete campus del Instituto de la Oración en un año. ¿Por qué? Él conoce el patrón plenitud-cumplimiento. Quiere alcanzar un mundo perdido mediante una iglesia avivada. Es completamente consciente del hecho de que las últimas personas no alcanzadas de la tierra nunca serán alcanzadas mediante una iglesia indiferente. Nunca. Las últimas personas no alcanzadas de la tierra solo serán alcanzadas mediante una iglesia avivada. El pastor Guzmán quiere llevar a las personas junto con él al aposento alto para que el Espíritu Santo los llene y los envíe desde allí para promover el reino de Cristo por toda Colombia y más allá.

Permítame contarle una historia acerca de cómo Dios redime incluso en las peores circunstancias para los propósitos de Su reino entre las naciones. José trabajaba para un cartel de la droga en las selvas de Colombia. Cuando le dio malaria, los médicos del hospital le dijeron que no había nada que pudieran hacer para ayudarlo, que seguramente moriría. Al no tener dónde ir, José regresó al laboratorio de droga en la selva y a sus viejos amigos. No le ofrecieron ayuda y lo dejaron allí para que muriera.

José cayó de rodillas y clamó en desesperación:

—Dios, si existes, por favor, ayúdame. Revélate a mí y si vivo, te serviré el resto de mi vida.

De repente, José sintió una explosión de poder que corría por su cuerpo desde la parte superior de su cabeza hasta los dedos de sus pies. Cuando se levantó, se sintió ciento por ciento normal y su fuerza regresó de inmediato.

Pocos días después, viajó de vuelta a la ciudad y se detuvo en el hospital al que había ido antes para tener una revisión médica. Le preguntaron:

— ¿Quién es usted?

Cuando se identificó, los médicos respondieron:

—Es imposible. El José que examinamos, sin duda, está muerto ahora.

Cuando dejó el hospital y caminó hacia la calle, José escuchó que cantaban en una iglesia, entró y escuchó el evangelio de la muerte, sepultura y resurrección de Cristo. Ese día, José recordó la promesa que le había hecho a Dios en la selva e inmediatamente, recibió a Jesucristo como su Señor y Salvador. Hoy, es pastor de una iglesia vibrante es Madrid (España) y es el presidente de la iglesia nacional de su denominación con diecisiete congregaciones bajo su liderazgo.

Ahora es su turno: Paso de acción del día 29

Hay naciones que Dios quiere que usted y su familia de la iglesia impacten. Enumere un par de países potenciales a los que siente que Dios puede estar invitándolo a acoger.

_____

_____

_____

Pero cuando venga el Espíritu Santo sobre ustedes, recibirán poder y serán mis testigos tanto en Jerusalén como en toda Judea y Samaria, y hasta los confines de la tierra (Hechos 1:8).

Señor Jesús, lo que me estás enseñando hoy es _____

_____

_____

_____

_____

_____

Señor Jesús, el paso de acción que tomaré es _____

_____

_____

_____

_____

_____

Día

30

PIDA LAS NACIONES

Dios quiere fortalecer nuestro músculo de la fe. Es una parte fundamental de nuestra formación espiritual. No solo quiere que queramos las cosas que Él quiere, sino que las sigamos con todo nuestro corazón. Es parte de Su proceso de madurez en nosotros. La vida cristiana es una clase de campo de entrenamiento básico a nivel espiritual en el que Cristo orquesta circunstancias a nuestro alrededor para que los propósitos de Dios siempre estén al alcance de la mano. Después, Él quiere que solo vayamos y los cumplamos. El apóstol Pablo dijo de sí mismo: "Así que yo no corro como quien no tiene meta; no lucho como quien da golpes al aire. Más bien, golpeo mi cuerpo y lo domino, no sea que, después de haber predicado a otros, yo mismo quede descalificado" (1 Corintios 9:26-27). Después, nos exhortó al resto de nosotros: "Corran, pues, de tal modo que lo obtengan" (1 Corintios 9:24).

Una visión distorsionada de la gracia nos enseña que Dios nos sirve todo en una fuente de plata y todo lo que necesitamos hacer es sentarnos alrededor y esperar la siguiente comida. Puede sonar lógico, pero no es bíblico. Por supuesto, todo nos es dado por el misericordioso y buen favor de Dios y Su soberanía, pero Él ha escogido de forma soberana y gentil involucrarnos en el proceso de nuestro crecimiento espiritual. Quiere que deseemos lo que Él desea. Quiere emplear nuestras voluntades para que nos dediquemos apasionadamente a lo que Él se dedica apasionadamente.

Así fue como vivió Jesús. Dijo: "El celo por tu casa me consumirá" (Juan 2:17). Este celo es un fervor y una intensidad de búsqueda que nos mueve a luchar con todo el corazón por una causa.

Pídeme las naciones

Estaba sentado en un avión sobre una pista en África, esperando nuestro turno para despegar. Dios me habló explícitamente:

—Pídeme las naciones.

Estas palabras estiraron mi fe. Aunque estaba seguro de haber escuchado la voz del Espíritu Santo, discutí con incredulidad:

— ¿Que te pida qué?

—Pídeme las naciones— replicó.

Después, le hice al Señor lo que ahora me doy cuenta era una pregunta ridícula:

— ¿Es bíblico?

Qué tonto fue preguntarle al Espíritu Santo si me estaba diciendo algo que no era bíblico, pero así soy cuando me pongo nervioso. Al instante, el Espíritu Santo me trajo a la mente el Salmo 2:8: "Pídeme, y como herencia te entregaré las naciones; ¡tuyos serán los confines de la tierra!" Al darme cuenta de que el contexto del Salmo 2 es mesiánico, le pedí al Señor mayor claridad:

— ¿Está bien que ore con base en el Salmo 2 cuando Tu Hijo es a quien le asignaron la tarea de pedir por las naciones?

Nunca olvidaré su respuesta.

— ¿Qué crees? ¿Te pediría que oraras por cosas por las que nunca le pedí a mi Hijo que orara?

De inmediato, reconocí mi error. De repente, la Palabra de Dios tuvo todo el sentido para mí y empecé a pedirle:

—Dame Israel. Dame Japón y Filipinas. Dame Estados Unidos. Dame Canadá, México, Sudáfrica, Pakistán, India —entre más pedía, más sentía gozo de parte del Espíritu Santo.

—Cuando regreses a Atlanta —me dijo el Espíritu Santo—, quiero que formes un equipo de oración del tipo "danos las naciones".

Entonces, cuando regresé a casa, empecé a reunir un equipo de trescientos intercesores que se unieran conmigo para pedir las naciones. Hoy, varios cientos son partes de este equipo de oración.

Cuando empecé a pedirle al Señor por las naciones, el Instituto de la Oración tenía ministerio en solo cuatro países; hoy, estamos activos en casi cuarenta naciones del mundo.

En ese entonces, teníamos cinco campus del Instituto de la Oración alrededor del mundo y ahora hay ciento setenta campus. Cerca de casa, cuando empecé a pedir las naciones, teníamos cinco países representados en nuestra iglesia local en Atlanta; hoy, tenemos miembros de nuestra iglesia local que nacieron en cuarenta y cuatro naciones distintas del mundo. Les dijo a las personas cada domingo que no es un experimento social, ¡es un milagro!

El Señor de la cosecha

¿Recuerda la imagen del reloj de arena que ilustraba las inmensas necesidades de las personas al fondo y los recursos ilimitados de Dios en la parte superior, con el estrangulamiento en la mitad que representaba la realidad lamentable de la falta de oración de la iglesia? Jesús vivía con esta imagen en mente. Dijo: "La cosecha es abundante, pero son pocos los obreros, les dijo a sus discípulos. Pídanle, por tanto, al Señor de la cosecha que envíe obreros a su campo" (Mateo 9:37-38).

Aquí, Jesús identificó otro principio del reino: la efectividad de nuestra cosecha depende primero de la efectividad de nuestra petición. Dios quiere que lo queramos. Casi parece como si Cristo retuviera algunas de las mejores iniciativas para promover el reino hasta que le pidamos por la cosecha con una insistencia candente, un celo, una determinación.

Incluso después de Pentecostés, los discípulos reconocieron el principio del reino que dice "Si lo quieres, debes venir por él". Cuando Pedro y Juan fueron liberados de la cárcel con una firme advertencia de parte de los líderes religiosos, podrían haberse intimidado y vuelto pasivos, pero fueron más sabios. Estaban bajo órdenes supremas de hacer discípulos de todas las naciones, así que se reunieron con los creyentes para tener un encuentro de oración a fin de encontrarse con Dios, discipular naciones, agitar el infierno, echar el temor y animar a los testigos:

Ahora, Señor, toma en cuenta sus amenazas y concede a tus siervos el proclamar tu palabra sin temor alguno. Por eso, extiende tu mano para sanar y hacer señales y prodigios mediante el nombre de tu santo siervo Jesús. (Hechos 4:29-30)

Pidieron explícitamente la presencia manifiesta de Cristo para animar a los testigos. Entonces, ¿qué sucedió?

Después de haber orado, tembló el lugar en que estaban reunidos; todos fueron llenos del Espíritu Santo, y proclamaban la palabra de Dios sin temor alguno. (Hechos 4:31)

He notado un principio del ministerio: cuando le pido con todo el corazón a Dios que me use para ganar a alguien para Cristo, en pocos días, casi siempre tengo el privilegio de guiar a alguien para recibir el don gratuito de la vida eterna. Cuando reconozco que han pasado unas semanas desde que guie a alguien a Cristo, me doy cuenta de que no es normal, entonces oro. Le pido al Señor de la cosecha que extienda Su mano poderosa y me use. En dos o tres días, casi sin falta, guío a alguien a Cristo.

Ningún aposento alto está completo hasta que alcanza las naciones. Estoy bastante seguro de que no hay una sola reunión en el aposento alto, en todo el libro de Hechos, que no resulte en ganar almas y alcanzar a la nación.

La reunión de oración semanal para encontrarnos con Dios de nuestra iglesia, El Río, siempre sigue el siguiente patrón plenitud-cumplimiento:

- *Foco de atención.* Siempre empezamos con adoración para encontrarnos con Dios mientras nos enfocamos en el Cristo exaltado. Declaramos la supremacía de Cristo, la excelencia de Su nombre y el progreso de Su reino.

- *Plenitud.* Recibimos un encuentro fresco con el amor de Dios en la plenitud del Espíritu Santo, le permitimos a las personas que oren en grupos pequeños de oración de dos o tres creyentes, en el que se suplen necesidades en el lugar. Cristo se manifiesta entre nosotros cuando le damos la oportunidad a todos de utilizar los dones de manifestación mientras se ministran unos a otros.

- *Cumplimiento.* Durante la última media hora, normalmente oramos por el progreso del reino de Cristo, nos enfocamos en un ministerio, ciudad del mundo u oportunidad misionera particular.

Ahora es su turno: Paso de acción del día 30

Hoy, empiece a pedir las naciones de forma sistemática y constante. No permita que sea un ejercicio de un solo día que se apague en poco tiempo. Arremánguese. Investigue un poco. Escuche al Espíritu Santo mientras le da una tarea de proporciones globales.

Durante veintiún años, oré a diario por el pueblo más grande sobre la tierra que no había sido alcanzado, el pueblo kurdo de Turquía e Irak, aproximadamente más de treinta millones sin ningún creyente conocido durante los años en los que empecé a orar. Estaba tan abrumado por esa carga que no podía hacer más que orar. Nadie sabía entonces que la guerra en Irak sería necesaria para que estas personas se abrieran a Cristo. Ahora, hay miles de creyentes kurdos, quizás decenas de miles. El año pasado, tuve el honor de iniciar un campus del Instituto de la Oración en un lugar no revelado para servir al pueblo kurdo.

No solo ore por sanidad de cálculos biliares y resfriados, hay un mundo que necesita a Jesús y Dios el Padre quiere que pidamos por las personas. Más allá de pedir por las naciones a nivel individual, empiece a pedir por las naciones en su pequeño grupo. Ingrese a la página en Internet del Instituto de la Oración para saber cómo puede unirse a nuestro equipo de oración "Danos las naciones" o utilizar otros recursos en línea para ubicar grupos étnicos no alcanzados.

Señor Jesús, lo que me estás enseñando hoy es _____
_____
_____
_____
_____

Señor Jesús, el paso de acción que tomaré es _____
_____
_____
_____
_____

Semana 6: Preguntas para grupos pequeños

1. Anime a alguien en el grupo a leer en voz alta Hechos 13:1-3. ¿Qué aprendemos de estos versículos sobre la iglesia? ¿Qué aprendemos sobre el Espíritu Santo?

2. ¿Dónde vemos en estos versículos algunos de los principales principios del reino que hemos aprendido en nuestra aventura —ministrar al Señor, orar primero, recibir las tareas uno, dos y tres; seguir el patrón plenitud-cumplimiento, entre otros?

3. En sus propias palabras, defina *plenitud* y *cumplimiento*.

4. ¿Cómo definiría su campamento base, aquellos que están en un radio de ocho kilómetros de su hogar o iglesia? Desde los siete sectores de la sociedad (educación, finanzas, gobierno, artes y medios de comunicación, religión, familia, ciencia/asistencia médica), enumere los que se encuentran en su campamento base por los que va a empezar a orar.

5. Al usar los lugares enumerados en Hechos 1:8 como sus cuatro parámetros de influencia, ¿en qué área promueve el evangelio y el reino de Cristo a nivel personal? ¿En su grupo pequeño? ¿En su iglesia?

6. ¿En cuál de estos parámetros de influencia siente que el Espíritu Santo lo está llamando para involucrarse más personalmente? ¿En su grupo pequeño? ¿En su iglesia?

7. ¿A cuál de sus vecinos conoce por nombre? ¿A cuál de ellos conoce lo suficiente como para orar personalmente y con entendimiento?

8. ¿Qué pasos específicos puede dar para construir puentes relacionales de forma efectiva con sus vecinos dentro de un grupo pequeño? Ore primero y pídale a Dios antes de empezar a planear.

9. Lea Mateo 9:37-38. Tómese tiempo ahora para orar por sus vecinos.

10. Lea el Salmo 2:8. Tómese tiempo ahora mismo para pedir las naciones.

Semana 6: Consejo para pastores

Esta semana hace que tenga sentido toda esta aventura de treinta y un días. Las cosas deberían ponerse emocionantes en su iglesia, mientras las personas y los equipos ministeriales se empoderan para mantener un encuentro con la presencia manifiesta de Cristo y extender el evangelio más allá de sí mismos. Considere convocar para ayunar, orar o tener una caminata de oración con toda la iglesia. Los beneficios serán significativos.

Puede determinar que ahora es el momento para iniciar su reunión de oración con toda la iglesia para encontrarse con Dios. Con los calendarios de la iglesia sobrecargados, tendrá que tomar algunas decisiones difíciles. Despeje el calendario de su iglesia para darle prioridad a la oración colectiva. Programe su reunión de oración la mejor noche posible. Póngale un nombre estratégico a esta reunión. Promuévala bien. Comparta testimonios durante la adoración del domingo sobre respuestas específicas a oraciones recibidas en la reunión de oración colectiva.

Si ha escogido recorrer esta aventura de treinta y un días a nivel colectivo, tome entre quince y veinticinco minutos de la mañana del domingo para permitir que las personas compartan formas específicas en las que han encontrado la presencia manifiesta de Cristo.

Varias iglesias que conozco han escogido armonizar sus ministerios de alcance bajo el único título "Equipo Hechos 1:8", que incluye Jerusalén, Judea, Samaria y los confines de la tierra. Cumple dos objetivos significativos: primero, acoge el modelo plenitud- cumplimiento, ordeñando la leche (plenitud) antes de venderla (cumplimiento); y segundo, unifica todos los ministerios de alcance de la iglesia como un equipo de modo que todos están halando hacia la misma dirección, en vez de hacerlo unos contra otros. ¿Funcionaría en su iglesia?

Señor Jesús, lo que me estás enseñando hoy es _____
_____
_____
_____

Señor Jesús, el paso de acción que tomaré es _____
_____
_____
_____

DEDÍQUENSE A LA ORACIÓN

Toda iglesia ora, pero no toda iglesia está dedicada a la oración. Una iglesia que hace pinitos en la oración es una que hace pinitos en la presencia manifiesta de Cristo, y una iglesia que hace esto, obviamente no ha entendido.

Antes de Pentecostés, la primera iglesia estaba dedicada a la oración (Hechos 1:14) porque tenía su vista puesta en la presencia manifiesta de Cristo. Después de Pentecostés, la primera iglesia estaba dedicada a la oración (Hechos 2:42) porque había probado la presencia manifiesta de Cristo y ya no quería conformarse con algo más. Todos los líderes de la primera iglesia estaban dedicados a la oración (Hechos 6:4) porque sabían que su tarea principal era experimentar la presencia manifiesta de Cristo. Se rehusaron a hacer pinitos. Y, ¿usted qué? ¿Ha puesto su vista en el gran galardón de la presencia manifiesta de Cristo y por tanto, se rehúsa a hacer pinitos en la oración?

Aunque fuera así, aunque no desestimamos el patrón de devoción a la oración de la primera iglesia, el apóstol Pablo exhorta a los creyentes de la ciudad de Colosas: "Dedíquense a la oración: perseveren en ella con agradecimiento" (Colosenses 4:2). Casi que nos preguntamos si Pablo dijo estas palabras para que nadie pensara: *Eso era antes y esto es ahora,* cuando se trata de dedicarse a la oración. Era bueno para la iglesia de Colosas y es igualmente bueno para nosotros ahora que nos dediquemos a la oración, no solo porque ésta es un fin en sí misma, sino porque cuando nos dedicamos a la oración, nos rehusamos a conformarnos con la vida de la iglesia sin la presencia manifiesta de Cristo.

La palabra "dedicado" es la palabra griega *proskartereo,* que es la palabra más fuerte en la lengua griega para compromiso. Significa "adherir, fijarse, permanecer atento de manera incondicional, estar dedicado con valentía."[1] De las diez veces que esta palabra se usa en el Nuevo Testamento, seis veces se usa respecto a la oración. Es la imagen de un pit bull que clava sus dientes en un trozo de carne cruda y se rehúsa a soltarlo, o un misil sensible al calor que rastrea la fuente de calor y se rehúsa a dejarla ir hasta que golpea el objetivo. Nuestro problema hoy es que muchos de nosotros salimos disparados como cohetes y descendemos como rocas. No necesitamos más avivamientos de un día, lo que queremos es un mover prolongado de Cristo. Tenga en cuenta la distinción entre una iglesia que ora y una iglesia dedicada a la oración:

Una iglesia que ora	Una iglesia dedicada a la oración
Ora por lo que hace	Hace las cosas con base en la oración
Ora según su conveniencia	Ora según el mandato de Dios
Ora cuando hay problemas	Ora cuando hay oportunidades

Siente culpa: sabe que debería orar más	Tiene gozo: desea orar más
Anuncia tiempo especial de oración:	Anuncia tiempo especial de oración:
Algunos de la iglesia asisten	La iglesia entera asiste
Le pide a Dios que bendiga lo que está haciendo	Hace lo que Dios está bendiciendo
Se siente frustrada por la escasez financiera: Se retracta de proyectos	Ayuna y ora durante la escasez financiera: recibe dinero y avanza
Piensa que está demasiado ocupada para orar	Sabe que está demasiado ocupada como para no orar
Ve a sus miembros como su campo de misión	Ve al mundo como su campo de misión
Hace cosas con los medios que tiene	Hace cosas más allá de sus medios
Usa a Dios	Es usada por Dios[2]

Conoce a mi amigo Epafras

Después que el apóstol Pablo exhortó a los creyentes en Colosas para que se dedicaran a la oración, señaló a su amigo Epafras como la prueba documental A de lo que significa dedicarse a la oración: "Les manda saludos Epafras, que es uno de ustedes. Este siervo de Cristo Jesús está siempre luchando en oración por ustedes, para que, plenamente convencidos, se mantengan firmes, cumpliendo en todo la voluntad de Dios" (Colosenses 4:12).

Habría sido suficiente que Pablo dijera: "Epafras está orando por ustedes" o incluso, "Él siempre ora por ustedes", pero fue más lejos para explicar: "Epafras siempre está batallando en oración por ustedes". La palabra "batallar" se toma del griego *aganizomai*, de la que tenemos la palabra "agonizar", que significa esforzarse tanto como para tensar cada nervio y músculo. Esta clase de oración a fondo, sin tregua, que no escatima en nada, que sale del corazón, es el tipo de oración con la que inició la primera iglesia y es la clase de oración con la que la iglesia del siglo veintiuno es dirigida.

Desde luego, es lo que dirige a mi iglesia y a la suya. Dios quiere librarme a mí y a mi iglesia de hacer pinitos y quiere que usted y su iglesia se liberen de lo mismo. Cuando se trata de la presencia manifiesta de Cristo, no podemos permitirnos hacer pinitos. Cristo no quiere que seamos tibios ni vacilantes, ni que nos encontremos de forma esporádica con Su presencia manifiesta. Dios quiere que busquemos y recibamos la presencia manifiesta de Cristo como el *pit bull* agarra su comida o el misil sensible al calor rastrea la fuente de calor. Queremos golpear la fuente de calor. Queremos un mover prolongado de Dios justo en medio de la vida de nuestra iglesia. Queremos que los milagros tengan una ocurrencia diaria: sanidades físicas, conversiones espectaculares, matrimonios restaurados, liberación del abuso de sustancias, visiones, sueños, santidad, arrepentimiento y la gloria de Cristo brillando con mayor claridad que nuestros televisores de alta definición de setenta y dos pulgadas.

Conoce a mi amigo Daniel

Me refiero con cariño a Daniel Peters como mi intercesor de mar, aire y tierra. Es mi amigo querido, confidente leal, compañero de oración y escudero.₃ Nació en Ghana (África occidental) y batalla por mí como un guerrero fiero. Como es un anciano en mi iglesia en Atlanta, él y yo trabajamos juntos en muchos niveles. Con frecuencia, y de forma afectuosa, me dice:

—Te amo, y ¡no hay nada que pueda hacer al respecto!

Aunque lo he escuchado mil veces, me encanta cada vez que lo dice.

Daniel ora más por mí que cualquier persona que conozco. A veces, ora por mí, mi familia y la obra de Cristo a través de mí durante horas en un día. En ocasiones, ha orado por mí ocho horas al día, cuarenta horas a la semana. Ayuna por mí. Batalla por mí. Me ha acompañado en varios viajes internacionales. A menudo, digo:

—Obtengo más de las oraciones de Daniel que lo que saco de las oraciones de otras cien personas.

Es un regalo precioso del que no soy digno. Es un Epafras moderno. Comparto esta historia para ilustrar que los Eprafas están vivos y bien, incluso en Estados Unidos.

Sí, hay un movimiento creciente de quienes se rehúsan a hacer pinitos, quienes se rehúsan a permitir que la oración sea solo una actividad más en su horario ya sobrecargado, que batallan en oración como Jacob batalló con Dios. Él está levantando una nueva generación de Jacob: "Tal es la generación de los que a ti acuden, de los que buscan tu rostro, oh Dios de Jacob" (Salmo 24:6). Lo que he descubierto acerca de dedicarse a la oración como un pit bull o un soldado de aire, mar y tierra, es que no proviene de tener una voluntad de hierro. No necesitamos cavar hondo o intentar con más esfuerzo. Esta clase de oración no proviene de una voluntad de hierro, sino de una voluntad empoderada, una que ha sido quebrantada, que se ha rendido y luego, se ha entrenado para obedecer a Cristo en el poder del Espíritu Santo.

La fuerza del reino de Cristo que avanza en el poder del Espíritu Santo siempre está frente a nosotros. Dios va primero. Siempre. Jesús dejó las cosas claras de una vez por todas cuando declaró: "Desde los días de Juan el Bautista hasta ahora, el reino de los cielos ha venido avanzando contra viento y marea, y los que se esfuerzan logran aferrarse a él" (Mateo 11:12).

Note que el reino viene a nosotros primero, Dios siempre va primero. Como el reino viene a nosotros con poder, nos hace cada vez más contundentes en nuestro arraigamiento al reino de Dios. Este versículo describe de todas las formas a la iglesia que está dedicada a la oración. Es la iglesia que Cristo llama y empodera. Es la iglesia que usted y yo anhelamos.

¿Describe a su iglesia?

Ahora es su turno: Paso de acción del día 31

¿Qué está esperando? ¡Vaya! No necesita un paso de acción más, necesita acción. Ya tiene treinta y un pasos más tangibles que puede dar para darle la bienvenida a la presencia manifiesta de Cristo y guiar a otros en su familia de la iglesia para que lo hagan con usted.

Señor Jesús, lo que me estás enseñando hoy es _____

_____

_____

_____

_____

_____

Señor Jesús, el paso de acción que tomaré es _____

_____

_____

_____

_____

_____

NOTAS

Día 2

1. Richard F. Lovelace, *Dynamics of Spiritual Life: An Evangelical* Theology *of Renewal [Dinámicas de la vida espiritual: Una teología evangélica de la renovación]* (Downers Grove, IL: Intervarsity Press, 1979), 82.
2. Moise Guindo sirvió durante muchos años como presidente de la Alianza Cristiana y Misionera en Mali (África occidental).
3. Sé que esta declaración suena a herejía. Por supuesto, Dios no le debe nada a nadie, el avivamiento siempre es una obra de la gracia soberana de Dios. Pero, sin embargo, es la oración que hago. Sé que Dios estaba a punto de hacer algo extraordinario. Quizás fue una palabra de ciencia o un conocimiento profético, pero cuando vi la cara de Moise Guindo y escuché sus palabras, supe que estaba viendo el corazón de Dios. Él estaba en este hombre de tal forma que supe que el mismo Dios que lo había traído a este lugar de quebrantamiento y urgente necesidad también era el Dios que usaría esa urgente necesidad quebrantada para abrir las puertas y derramar Su presencia en Su pueblo. Y lo hizo.

Día 3

1. Walter Bauer, *A Greek-English Lexicon of the New Testament [Lexicón griego-inglés del Nuevo Testamento]*, trans. y ed. William F. Arndt y F. Wilbur Gingrich (Chicago: University of Chicago Press, 1952), 513.

Día 6

1. Jim Cymbala, *Fuego vivo, viento fresco: Lo que sucede cuando el Espíritu de Dios invade a su pueblo* (Miami: Vida, 1998).
2. Ibíd., 27.
3. Bauer, *A Greek-English Lexicon of the New Testament [Lexicón griego-inglés del Nuevo Testamento]*, 618.

Día 7

1. Bauer, *A Greek-English Lexicon of the New Testament [Lexicón griego-inglés del Nuevo Testamento]*, 471.

Día 8

1. Bauer, *A Greek-English Lexicon of the New Testament [Lexicón griego-inglés del Nuevo Testamento]*, 850.
2. F.F. Bruce, *Hechos de los apóstoles: introducción, comentario y notas* (Buenos Aires: Nueva Creación, 1998).
3. Richard C.H. Lenski, *The Interpretation of the Acts of the Apostles [La interpretación de los Hechos de los apóstoles]* (Minneapolis: Augsburg Fortress, 1934), 39.
4. Bill Hybels, *Too Busy Not to Pray: Slowing Down to Be with God [Demasiado ocupado como para no orar: bajar el ritmo para estar con Dios]* (Downers Grove, IL: Intervarsity Press, 2008).

Día 9

1. *Urban Dictionary [Diccionario Urbano]*, s.v. "Posse,"http://www.urbandictionary.com/ define php?term=posse (accessed February 25, 2013).
2. Esta conversación sucedió en Lincoln (Nebraska) en mayo de 1986.

3. Esta misma cita de J. Edwin Orr está registrada en el libro de David Bryant *The Hope At Hand: National and World Revival for the Twenty-First Century [La esperanza a la mano: aviamiento nacional y mundial para el siglo veintiuno]* (Grand Rapids: Baker, 1995), 138.

Día 10

1. Bauer, *A Greek-English Lexicon of the New Testament [Lexicón griego-inglés del Nuevo Testamento]*, 240.
2. En mi libro *El hombre y el matrimonio* (Deerfield: Vida, 1996), escribí un capítulo completo al respecto. También presento once razones de por qué a los esposos les da urticaria cuando piensan en orar con sus esposas.

Día 11

1. Fred A. Hartley III, *God on Fire: Encountering the Manifest Presence of God [Dios en fuego: la presencia manifiesta de Dios]* (Fort Washington, PA: CLC Publications, 2013), 170.
2. A.W. Tozer, *La búsqueda de Dios* (Harrisburg: Alianza, 1997).
3. Hartley, *God on Fire [Dios en fuego]*, 30.

Día 12

1. Eifion Evans, *Revival Comes to Wales: The Story of the 1859 Revival in Wales [El avivamiento viene a Gales: la historia del avivamiento de 1859 en Gales]* (Bridgend: Evangelical Press of Wales, 1982), 70; Richard Owen Roberts, *Glory Filled the Land: A Trilogy on the Welsh Revival of 1904–1905 [La gloria llenó la tierra: una trilogía del avivamiento galés de 1904-1905]* (Wheaton, IL: International Awakening, 1989), 44; Malcolm McDow and Alvin L. Reid, *Firefall: How God Has Shaped*

History Through Revivals [Muro cortafuego: Cómo Dios ha moldeado la historia mediante los avivamientos] (Nashville: Broadman & Holman, 1997), 278.

2. Bryant, *The Hope at Hand [La esperanza a la mano]*, 182–84.

3. Leonard Ravenhill, *Por qué no llega el avivamiento* (Buenos Aires: Peniel, 2008).

4. Elisabeth Elliot, *Portales de esplendor* (Michigan: Portavoz, 1959).

5. Ravenhill, *Por qué no llega el avivamiento.*

6. Selwyn Hughes, *Revival: Times of Refreshing [Avivamiento: Tiempos refrescantes]* (Farnham, Surrey, UK: Crusade for World Revival, 2004), 13.

7. V. Raymond Edman, *They Found the Secret [Ellos encontraron el secreto]* (Grand Rapids: Zondervan, 1984), 52.

8. *Smith Wigglesworth Devotional [Devocional Smith Wigglsworth]* (New Kensington, PA: Whitaker, 1999), 437.

9. Tim Hughes, "Consuming Fire," *When Silence Falls [Fuego consumidor, Cuando cae el silencio]* (Brentwood, TN: Worship Together Records, 2004).

10. Rend Collective Experiment, "Build Your Kingdom," *Homemade Worship by Handmade People [Edifica tu reino, adoración casera hecha por personas caseras]* (Durham, NC: Integrity Music, 2011).

11. Brooke Ligertwood, "Hosanna," *Hillsong Live: Saviour King [Hosana, Hillson en vivo: Rey salvador]* (Durham, NC: Integrity, 2007).

12. Will Reagan, "Set a Fire," *Live at the Banks House [Prende el fuego, en vivo en Banks House]* (Knoxville, TN: United Pursuit Music, 2010).

13. Kathy Frizzell, Kim Walker-Smith and Nate Ward II, "Show Me Your Glory," *Come Away [Muéstrame tu gloria, Sal]* (Sacramento, CA: Jesus Culture, 2010).

14. Christy and Nathan Nockels, "A Mighty Fortress," *Life Light Up [Una fortaleza poderosa, La vida se ilumina]* (Atlanta: sixstepsrecords, 2009).

15. Matt Crocker, "Fire Fall Down," *Hillsong United: United We Stand [Fuego desciende, Hillsong United: Unidos, permanecemos]* (New York: Sony, 2006).

16. Jeremy Riddle, "Fall Afresh," *The Loft Sessions [La caída de nuevo, Las sesiones]* (Durham, NC: Integrity/Bethel, 2011).

17. Matt Redman, "Better Is One Day," *Blessed Be Your Name* (Atlanta: sixstepsrecords, 2005).

Día 13

1. Erwin Raphael McManus, *An Unstoppable Force: Daring to Become the Church God Had in Mind [Una fuerza imparable: Atreverse a convertirse en la iglesia que Dios tenía en mente]* (Orange, CA: Flagship Church Resources, 2001), 176–78.

2. Hace veinticinco años en Atlanta, escuché a John Hagee decir: "Brujería es intimidación y manipulación en beneficio de la dominación y el control." Se quedó grabado en mí. Creo que tiene razón.

Día 14

1. Lovelace, *Dynamics of Spiritual Life [Dinámicas de la vida espiritual]*, 35–39. Ver además "The Rich Young Ruler . . . Who Said Yes" [El gobernante joven y rico . . . que dijo sí], *Christian History Magazine [Revista Historia Cristiana]*, Enero 1982, 3–4; Andrew Murray,

Key to the Missionary Problem [La clave para resolver el problema misionero] (Fort Washington, PA: CLC Publications, 1979), 43–86; John R. Weinlick, *Count Zinzendorf: The Story of His Life and Leadership in the Renewed Moravian Church [El conde Zinzendorf: la historia de su vida y liderazgo en la iglesia morava renovada]* (Bethlehem, PA: The Moravian Church in America, 1984); A.J. Lewis, *Zinzendorf, The Ecumenical Pioneer [Zinzendorf, el pionero ecuménico]* (Philadelphia: Westminster Press, 1962).

2. Nicolás Ludwig von Zinzendorf fue parte de un movimiento conocido como el pietismo alemán. Recibió enseñanzas y discipulado en la Universidad Halle por parte de August H. Francke, un clérigo luterano y académico bíblico quien daba estudios bíblicos a grupos pequeños, organizaba reuniones de oración de impacto nacional y era evangelista itinerante. A los nueve años, Francke estaba tan enamorado de Jesús que le pidió a su madre que adecuara una habitación que él pudiera usar exclusivamente para orar.

3. Francke fue mentoreado por Philipp Spener, quien escribió en 1675 el influyente manifiesto del avivamiento *Pia Desideria* (Deseos Devotos) que hacía énfasis en la necesidad del arrepentimiento, la santidad, la educación bíblica, el avance misionero y la preocupación social en el contexto de una impartición vital de la presencia manifiesta de Dios. Los historiadores, específicamente A.J. Lewis en *Zinzendorf, The Ecumenical Pioneer [Zinzendorf, el pionero ecuménico]* se han referido a este trabajo como "un relámpago luterano."

4. Las contribuciones del pietismo son de amplio alcance e incluyen los siete valores principales: discipulado en grupos pequeños, reuniones de oración orientadas al evangelismo mundial, equipos misioneros a corto plazo, himnología cristiana, acción social, misiones mundiales y distribución de las Escrituras. Esta corriente del pietismo alemán fluyó en paralelo al puritanismo inglés con su propio equipo de líderes igualmente impactantes como Laurence Humphrey (1527–1590), presidente del Magdalen College en Oxford; Thomas Cartwright (1535–1603), profesor de teología en Cambridge; Tom Wilcox (1549–1608), pastor en Londres; William Travers (1548–1635), profesor de Cambridge; y John Bunyan (1628–1688), escritor y predicador conocido como por su libro *El progreso del peregrino.* Cada uno de estos campeones elevó su voz como una trompeta para llamar a las personas a tener un encuentro fresco con Cristo.

5. Douglas J. Nelson, "The Story of Bishop William J. Seymour and the Azusa Street Revival: A Search for Pentecostal/Charismatic Roots" [La historia del obispo William J. Seymour y el avivamiento de la calle Azusa: una búsqueda de las raíces pentecostales/carismáticas] (disertación doctoral, Universidad de Birmingham, mayo de 1981), ficha, p. 1–50, 57, 209n116, 197n88.

Día 15

1. Hartley, *Prayer on Fire: What Happens When the Holy Spirit Ignites Your Prayers [Oración en fuego: Cuando el Espíritu enciende sus oraciones]* (Colorado Springs: NavPress, 2006), 43.

Día 17

1. R.T. Kendall, *The Sensitivity of the Spirit: Learning to Stay in the Flow of God's Direction [La sensibilidad al Espíritu Santo: Aprender a permanecer en el fluir de la dirección de Dios]* (Lake Mary, FL: Charisma, 2002), 37.

Día 19

1. Stephen F. Olford, *The Sanctity of Sex [La santidad del sexo]* (New York: Revell, 1963).

Día 20

1. Martyn Lloyd-Jones, *The Christian Warfare: An Exposition of Ephesians 6:10–13 [La batalla cristiana: una exposición de Efesios 6:10-13]* (Grand Rapids: Baker, 1976), 292.

2. C.S. Lewis, *Cartas del diablo a su sobrino* (Nueva York: HarperCollins, 2006).

3. Hay muchos métodos buenos para luchar contra los espíritus malignos y guiar a las personas a fin de experimentar una liberación práctica de fortalezas malignas. Neil Anderson tiene muchos recursos, así como el Instituto de la Oración. Lo invitamos a consultar nuestro sitio, www.collegeofprayer.org y descargar un buen número de recursos bíblicos gratuitos.

Día 22

1. Si quiere saber más acerca de "Tiempo con Abba", consulte nuestra página en Internet en www.lilburn4Jesus.com. También puede entrar a www.collegeofprayer.org/events/surefire.php y consultar SureFire Prayer, un ministerio de oración bien desarrollado para niños.

Día 23

1. Jonathan Edwards, "A Treatise Concerning Religious Affections, In Three Parts" [Un tratado sobre los afectos religiosos, en tres partes] en *The Works of Jonathan Edwards [Las obras de Jonathan Edwards]* (Edinburgh: Banner of Truth Trust, 1976), 1:234.

2. "Intercessors for America" [Intercesores por Estados Unidos] carta, enero de 1976.

3. Dick Eastman, *Love on Its Knees: Make a Difference by Praying for Others [Amor en sus rodillas: Marcar la diferencia al orar por otros]* (Grand Rapids: Chosen, 1989), 13–18.

4. "Chernobyl Disaster: Economic and Political Consequences," Wikipedia, http://en.wikipedia.org/wiki/Chernobyl_disaster [Desastre de Chernobyl: Consecuencias políticas y económicas] (consultado el 20 de marzo de 2014).

5. Mikhail Gorbachev, "Turning Point at Chernobyl" [Punto de inflexion en Chernobyl] *Project Syndicate [Proyecto Sindicato]*, abril 14 de 2006, http://www.project-syndicate.org/commentary/turning-point-at-chernobyl (consultado el 30 de abril de 2014).

Día 24

1. C. Peter Wagner, Escudo de oración: cómo interceder por pastores, líderes cristianos y otros creyentes que ocupan la primera línea en la batalla espiritual (Nashville: Nelson, 2011).

2. Ibíd., Wagner usa diferentes términos, pero en esencia, son categorías similares para referirse a los niveles de compañeros de oración enumerados.

3. Visite www.collegeofprayer.org/resources/free.php para descargar e imprimir una copia del folleto "Building Your Prayer Shield" [Elabore su escudo de oración]

Día 26

1. Edward Hickman, ed. *The Works of Jonathan Edwards [Las obras de Jonathan Edwards]* (Edinburgh: Banner of Truth Trust, 1976), 279.
2. David Bryant, *Conciertos de oración* (Miami: UNLIT, 1990).
3. Costa de Marfil tiene tres denominaciones principales, entre las cuales la Alianza Cristiana y Misionera es una de las más antiguas y grandes.

Día 27

1. Ver Hechos 13:1-3.
2. Steve Hawthorne y Graham Kendrick, *Prayerwalking: Praying On Site with Insight [Caminata de oración: Orar en el sitio con perspicacia]* (Orlando, FL: Creation, 1993).

Día 31

1. Bauer, *A Greek-English Lexicon of the New Testament [Lexicón griego-inglés del Nuevo Testamento]*, 722.
2. Escribí este contraste hace unos años para mostrar la diferencia entre una iglesia que ora y una iglesia dedicada a la oración. Se publicó previamente en el currículo de tres años del Instituto de la Oración y en varios artículos de revista.
3. Muchos líderes de iglesia ya utilizan el maravilloso rol vivificador de quien se viste con la armadura. El concepto de quien se viste con la armadura tiene su origen

en las Escrituras, en la historia de Elías y Eliseo (ver 1 Re. 19:21), David y Jonatán (ver 1 S.18:3-4) y Pablo y Timoteo (ver 1 R. 2:1-2). Las cualidades de quien se viste con la armadura son amor apasionado por Cristo, deseo de orar, lealtad, vigilancia y deseo de ser discipulado. Los deberes de quien se viste con la armadura son orar por el líder (por su protección, dirección y revelación), orar por la visión del líder, servir como asistente personal a fin de ayudar cuando surgen las necesidades y compartir con el líder lo que él o ella le escucha decir a Dios.

PUBLICATIONS
Fort Washington, PA 19034

Este libro es publicado por Publicaciones CLC, un alcance de Ministerio Internacional CLC. El propósito de CLC es poner literatura cristiana evangélica a la disposición de todas las naciones para que las personas puedan venir a la fe y madurez en el Señor Jesucristo. Esperamos que este libro cambie vidas y enriquezca su caminar mediante la obra del Espíritu Santo. Si quisiera saber más sobre CLC, lo invitamos a visitar nuestra página en Internet www.clcusa.org para saber más sobre la extraordinaria historia de CLC.